JN074645

実戦

非上場会社の敵対的

M&A

高村 隆司【著】

Takamura Takashi

中央経済社

はしがき

　私は昭和54年に弁護士になった。弁護士になる以前は「患者側の医療弁護士」になりたいと思っていた。司法試験に合格すると，当時は司法修習生として２年間研修を受けた。最初の約４カ月と最後の４カ月は湯島の司法研修所で授業形式で研修を受け，その間は各地の裁判所・弁護士会・検察庁で「民事裁判修習」，「刑事裁判修習」，「弁護修習」，「検察修習」の各約４カ月間実務修習があった。

　「民事裁判修習」は割合自由なので，私は医療訴訟の法廷を重点的に傍聴していたが，医療訴訟の相当部分が原告である患者・遺族の怨念のこもったものであり，傍聴を重ねるうちに，「医療事件は重い」と，医療弁護士への熱意が冷めていった。そのときたまたま古曳正夫弁護士の『闘う更生会社』という本を読み，更生事件がおもしろそうだと思い，丸の内にある上野久徳法律事務所に入所を希望し許された。同法律事務所は，当時日本で一番多くの「会社更生事件」を扱っていた。私が入所した昭和54年に，上野弁護士が担当していた「会社更生事件」は４件で，勤務弁護士が４人であったので，各自１社の「会社更生事件」を担当した。

　私の担当は，船舶の計装器を主たる取引商品としている中堅商社であった。その会社は上場を目指していたがうまくいかず，不渡りを出しそうになり，当初は「商法上の整理」の申立てをし，その後「会社更生」の申立てに変更し，私が同法律事務所に入所したときは，上野弁護士が「保全管理人」をしていた。上野弁護士は「三菱資本」による同更生会社の再生を企て，日本郵船から「保全管理人代理」を派遣してもらっていた。

　その後，会社更生手続が開始し，更生計画が認可された。この更生計画は，新会社を設立し更生会社の事業を新会社に譲渡し，更生会社は新会社から受け

た事業譲渡の対価を債権者に弁済するという当時は珍しいものであった。新会社が設立の際に発行する株式の相当部分は三菱グループに割り当てられ，三菱グループの会社となった。これは，いわゆる「Ｍ＆Ａ」だというのが当時の私の感想であった。

　昭和59年に独立し１人で法律事務所を経営するようになった。その時，法曹テニスのダブルスパートナーである友人の弁護士から，「アメリカの会社が伊勢の造船会社に大型ヨットの建造を依頼したところ，造船会社の経営の調子が良くなく，最悪の場合同社が倒産し大型ヨットが完成しない上，アメリカの会社がすでに支払った多額の『前渡し金』が返ってこない可能性があるので，手伝ってくれないか」との依頼があった。友人の弁護士は海外が絡む仕事をする，いわゆる「渉外弁護士」であった。その依頼を受け，造船会社の帳簿類を見せてもらい，経理の担当者から説明を聞いたところ，担当者は明言しないものの，粉飾があることは明らかであった。そこでいよいよになったら，造船会社に和議（現在の民事再生法に似た制度）の申立てをしてもらう必要があると考えた。その後，造船会社は資金繰りがうまくいかなくなり，外国会社が造船会社のスポンサーになることを前提に造船会社が和議を申立て，アメリカの会社が造船会社の大部分の株式を取得した。これは，倒産を契機とした「Ｍ＆Ａ」であった。

　当時，アメリカでは多くのＭ＆Ａが行われていたが，日本ではまだまだ珍しかった。私はアメリカのＭ＆Ａに関する文献を多数読んだ結果，日本の弁護士にとって有望な新分野だと思い，友人の弁護士・公認会計士・銀行と証券会社に勤務する者たちと「Ｍ＆Ａ研究会」という勉強会を立ち上げ，Ｍ＆Ａに関する法律・会計・税務・実務の勉強を始め，私が代表を務めた。メンバーの友人が勤務する地方の出版社から勧められ『企業買収Ｑ＆Ａ』という本を出版した。当時は「Ｍ＆Ａ」という言葉がぽつぽつと新聞に出始めたころで，「Ｍ＆Ａ」について手頃な本がそれほど多くなかったためか，地方の中小の出版社からの

刊行であったにもかかわらず，思いもかけない部数が販売できた。

　それもきっかけとなり，私はほぼ同時期に２つの都市銀行のＭ＆Ａの仲介部門のお手伝いを始めることになった。ちょうどそのころ，株式売却に関する税金の制度が変ったこともあり，都市銀行ではＭ＆Ａの仲介部門の開設を始める動きが多く，Ｍ＆Ａに詳しい弁護士を求めていたようである。早速，Ｍ＆Ａの契約書の作成を初めて依頼された。ところが，困ったことには適当な「ひな型」が見つからなかった。弁護士は契約書の作成を依頼された場合，書式を参考にすることが多い。だいたいの種類の契約について「ひな型」を探せばいくらでも見つかるのであるが，大型書店，弁護士会の図書館でも見つからなかった。そこで会社法の条文・文献等に当たりながら手作りで作成した。その後，依頼を受けるたびに手を入れ内容を充実させていった。そのように銀行が仲介するＭ＆Ａの契約書を多数作成するほか，銀行に対してＭ＆Ａに関する意見書を提出することもあった。これらの仕事は，会社法，税法等に関する理論的なものが多く，生々しいものはなかった。

　そのころ，友人の弁護士から「地方の非上場の百貨店の敵対的Ｍ＆Ａの仕事をやっている。こちらは弁護士１人で相手方は弁護士が10人近くいる。手伝ってくれないか」との申し入れがあり，協力することになった。この案件はオーナーが死亡した後，番頭が会社の実権を獲得したことに対して，「オーナーの子供である大学教授」と「オーナーの親戚である百貨店の取引業者」とが連携して支配権を取り戻そうとしたものである。この案件は，会社法，税法が絡んで理論的で大変面白いほか，生々しい感情を伴う人間の動きを実感することができ，弁護士の醍醐味が感じられる仕事であった。このころ，賀状に「昨年は敵対的なＭ＆Ａに携わる機会を得ました。今まで多く扱ってきた友好的な案件とは全く趣を異にし，大変勉強になりました」と書いたところ，証券会社に勤務する大学時代の友人から，「日本では，『敵対的Ｍ＆Ａ』に対するイメージがよくないので，このようなことを賀状に書くと営業に支障が出る」と忠告され

たのが，良い思い出である。

　その後も，新たな地方銀行・都市銀行・証券会社のM＆Aの仲介部門のお手伝い等友好的なM＆Aのお手伝いを始め，多数の案件を扱ったが，現在，仕事の軸足を敵対的M＆A案件に移し常時複数件を扱っており，「敵対的M＆Aの専門家」となってきた。そのため，M＆Aに関する仕事は，当事者・司法書士・税理士等の専門家からの依頼のほか，弁護士からの要請による共同受任が増えてきている。

　弁護士の仕事をしていると，難しい法律問題と直面することが少なくない。その際にはまず条文に当たり，その後判例・定評のある学説に当たる。その過程で友人の弁護士・司法書士・税理士等の専門家に相談する。これらの作業をする際に痛感するのは，実際にはよく発生することに関する文献が見つからないことが少なくないことである。学者は体系的なことには興味があるが実務を行わないので，判例集に出てこない個別の問題の存在に気づかないことが多いのではないかと思われる。

　私は，そのような問題につき執筆することが実務家たる弁護士の責務だと考えており，法律雑誌等で発表してきた。2011年12月に刊行した中央経済社の『法務Q＆A　非上場会社の支配権獲得戦』もその一環である。

　上記『法務Q＆A　非上場会社の支配権獲得戦』につき好評を得て7刷まで刊行されたので，その改訂版を刊行したいと考えてきたが，弁護士業務，法律雑誌等への執筆，多数の勉強会への参加等による時間不足のため完成させることができなかった。今回，上記『法務Q＆A　非上場会社の支配権獲得戦』と同じく設例形式ではあるが，設例の数を増やすとともに内容を大幅に変更して本書を刊行することができた。

　今後も非上場会社の支配権獲得戦を実践するとともに，その中で法律・税務等についての研究を進めたいので，皆様から本書の内容についてのご意見を賜ることをお願いしたい。

　なお，会社法ではさまざまな機関設計が許されているが，説明の便宜上，原則として監査等委員会設置会社（会社法2条11号の2），指名委員会等設置会社（会社法2条12号），公開会社（会社法2条5号），会計参与設置会社（会社法2条8号）でない取締役会設置会社（会社法2条7号）を前提として記述している。上記会社は，原則として監査役設置会社（会社法2条9号）である（会社法327条2項）。

　2023年7月

高　村　隆　司

目　　次

第4節 取締役 56

第2章 防衛方法 ——————————— 101

第1節 予 防 101

1 株 式

第3章　攻撃・防衛を問わない方法 ─────── 135

第1節　株　　式　136

第2節　株主総会　165

第3節　取締役　207

第4節　監査役　224

Column

第1章　攻撃方法

設例1

会社情報の収集の手段

　非上場会社における支配権獲得戦においては，現経営陣側でない株主にとって，会社の内部情報を手に入れるのは必ずしも容易ではないと思いますが，どのような手段がありますか。

A　　以下，解説に述べるとおりです。

解説

　非上場会社の株主による支配権獲得戦において，会社外の株主が現経営陣に対して攻撃する場合には，会社内部の情報を収集する必要がある。

　その手段として，

① 業務および財産の状況に関する検査役選任申立て（会社法358条）

② 取締役会議事録閲覧謄写請求（会社法371条）

③ 監査役会議事録閲覧謄写請求（会社法394条）

④ 会計帳簿等閲覧謄写請求（会社法433条）

⑤ 計算書類等の閲覧・謄本または抄本の交付等請求（会社法442条）

⑥ 株主名簿閲覧謄写請求（会社法125条）

⑦ 定款の閲覧・謄本または抄本の交付等請求（会社法31条）

⑧ 株主総会議事録閲覧謄写請求（会社法318条）

等があるので，それらの手段を用いて会社情報の収集を行うことができる。各手段については〔設例2〕から〔設例8〕を参照されたい。

　なお，②ないし⑧が統一的に規定されていない。②，③，④，⑥，⑧では「謄写の請求」，⑤，⑦では「謄本または抄本の交付の請求」となっており，後者については，前者と違い，請求者は「会社の定めた費用」を支払う必要がある。

　「謄写の請求」と「謄本または抄本の交付の請求」を使い分ける合理的理由は考えられない。ちなみに，「閲覧」については，②から⑦はすべて「閲覧」で統一されている。

設例2

業務の執行に関する検査役の選任申立て

「業務の執行に関する検査役」というものがあるそうですが，その検査役を選任するための手続はどのようなものですか。また，検査役の権限はどのようなもので，選任してもらうことは簡単なのでしょうか。

A　選任の手続，検査役の権限については，以下で説明しますが，選任される可能性は低いです。

解説 ·······

1 ┃ 検査役選任の要件

　総株主（株主総会において決議をすることができる事項の全部につき議決権を行使することができない株主を除く）の議決権の100分の3以上の議決権を有する株主，発行済株式（自己株式を除く）の100分の3以上の株式を有する株主は，「株式会社の業務の執行に関し，不正の行為又は法令若しくは定款に違反する重大な事実があることを疑うに足りる事由があるときは」，当該株式会社の業務および財産の状況を調査させるために，裁判所に対して業務および財産の状況に関する検査役（以下「検査役」という）選任の申立てをすることができる（会社法358条）。この申立ては，書面でする必要がある（非訟事件手続法43条1項，会社非訟事件等手続規則1条）。

　100分の3以上という要件は申立人が単独で満たす必要はなく，複数の申立人でその要件を満たせばよい［森・濱田2008，67頁］。なお，特例有限会社においては，総株主の議決権の10分の1以上であり（会社法の施行に伴う関係法律の整備等に関する法律23条），それ以外の会社と要件が違うので注意を要する。

　検査役選任の申立てをした際には議決権等の要件を満たしていたにもかかわらず，決定時までにその要件を満たさなくなったときは，原則として申立人の適格を欠くものとして却下される（最決平成18年9月28日民集60巻7号2634頁）。

上記判例は旧商法下の事案であるが，申立て後，新株引受権付社債を有していた者が新株引受権を行使し，会社が新株を発行した結果，総株主の議決権と発行済株式の数が増加し，検査役選任の申立ての要件を満たさなくなったものである。上記判例は「株式会社の株主が商法294条１項（現会社法358条１項）に基づき裁判所に当該会社の検査役選任の申請をした時点で，当該株主が当該会社の総株主の議決権の100分の３以上を有していたとしても，その後，当該会社が新株を発行したことにより，当該株主が当該会社の総株主の議決権の100分の３未満しか有しないものとなった場合には，当該会社が当該株主の上記申請を妨害する目的で新株を発行したなどの特段の事情のない限り，上記申請は，申請人の適格を欠くものとして不適法であり却下を免れない」と判示している。

たとえば，資金調達の必要がない場合の第三者割当増資等については，「特段の事情」があるとして要件を充足しているものと判断される可能性が高いので，会社側は注意を要する。

会社の取締役や監査役でもある株主については，取締役や監査役という地位に基づき会社の業務および財産の状況を調査できるので，検査役の選任を申請することはできないとする裁判例（千葉地佐倉支決昭和49年３月11日判時743号100頁；和歌山地田辺支決平成元年10月２日金判840号19頁）がある。

しかし，条文上そのような制限が定められていないことと，経営に関する紛争がある場合には中立公平な検査役による調査が望まれること，会社によっては取締役や監査役であっても事実上，会社の業務および財産の状況を調査することが困難な場合も存すること等よりすれば，そのように解する必要はない（大阪高決平成元年12月15日判時1362号119頁）。

2 ┃ 検査役選任の実情

（1）選任される可能性

　会社法358条2項では「前項の申立てがあった場合には，裁判所は，これを不適法として却下する場合を除き，検査役を選任しなければならない」となっており，文言上は原則として検査役が選任されそうである。また，学説［落合2009，117頁］も，「株式会社の業務の執行に関して不正の行為や定款に違反する重大な事実があると疑う事由」のうち，「株式会社の業務の執行に関して不正の行為や定款に違反する重大な事実がある」ことではなく，「疑う事由がある」ことの証明で足りるとしている。なお，疎明では足りない。

　しかし実務では，検査役が選任されることは，それほど多くない。これは，「前二項の規定による検査役の選任の申立てがあった場合には，裁判所は，これを不適法として却下する場合を除き，検査役を選任しなければならない」（会社法306条3項）というよく似た条文でありながら，不適法却下でなければほとんど選任される「総会検査役」とは違う。「業務および財産の状況に関する検査役」が選任されると会社の信用等に及ぼす影響が大きいこともあり，裁判所が厳格な証明を要求しているのだと思われる（東京高決平成10年8月31日金判1059号39頁）。

　また，権利の濫用を理由として，申立てを排斥する裁判例も少なくない（東京高決昭和40年4月27日下民16巻4号770頁；千葉地佐倉支決昭和49年3月11日判時743号100頁；東京高決昭和59年3月23日判時1119号144頁）。

（2）検査役選任申立ての実益

　しかし，申立人側とすれば，検査役が選任される可能性が低いからといって，選任の申立てをすることを躊躇してはならない。なぜならば，仮に選任されなかったとしても，次のような実益があるからである。

　すなわち，実際に株主側が資料収集のために法的手続をとろうとする場合に

は，業務検査役の選任申立てだけではなく，会計帳簿等閲覧謄写等の請求（〔設例4〕参照），計算書類等の謄本の交付等請求（〔設例5〕参照）を同時に行うことが多い。この場合，裁判所からの勧告もあり，会社が取締役会議事録や会計帳簿等の写しの一部を任意で株主に対して交付することが多い。その際，株主側が検査役の選任申立ても同時にしておくと，会社が任意に提出する書類が多くなる傾向がある。というのは，会社は検査役が選任されて会社の内部事情を検査役に知られること自体を嫌がるほか，不正の行為や違法な事実が存在しているというイメージを社会に持たれることを恐れて，検査役の選任を避ける目的で上記書類を任意に提出して，検査役選任の必要性が少ないことを裁判所にアピールすることが多いためである。検査役選任の申立てがなされると，会社法870条には規定されていないが，申立人と会社の代表取締役が呼ばれ，双方の審尋がなされるのが通常である。

（3）決定に対する不服

検査役選任については，理由を付する必要はないが（会社法871条2号），不服を申し立てることはできない（会社法874条1号）。却下決定については，即時抗告ができる（非訟事件手続法66条2項；会社法872条）。

3 ┃ 検査役の権限

検査役は，当該会社の業務および財産の状況を調査するために必要な一切の行為をなす権限を有する［落合2009, 122頁］。

なお，裁判所は検査役の権限を限定することもできる。検査役の権限を限定した裁判例としては，一定の時期以降の自己株式取得に関する事項に限定したもの（大阪高決昭和36年7月10日下民12巻7号1640頁），特定事業によって会社が被った損害を知るためと公正な新株発行価額を知ることに限定したもの（神戸地決昭和50年3月7日判時836号113頁；大阪高決昭和51年4月27日判時836号107頁）等がある。

検査役は，その職務を行うために必要があるときは，子会社の業務および財

産の状況も調査することができる。監査役による子会社に対する調査（会社法381条4項）と違い，子会社に拒否権はない（会社法358条4項）。

検査役は必要な調査を行い，その結果を記載した書面を裁判所に提供して報告をしなければならない（会社法358条5項）。その報告をしたときは，検査役は報告の書面の写しを会社および検査役選任の申立てをした株主に対して交付しなければならない（会社法358条7項）。

裁判所は上記報告があった場合に必要があると認めたときは，取締役に対して，①一定の期間内に株主総会を招集すること，または②検査役の調査の結果を株主に通知することのうち，双方または一方を命じなければならない（会社法359条1項）。

取締役は，①を命じられた場合には，検査役の報告の内容をその株主総会で開示するほか，報告の内容を調査しその結果を株主総会に報告しなければならない（会社法359条2項・3項）。①を命じられた場合には，会社は取締役会の決議がなくても，株主総会を招集することができる。

検査役が裁判所に虚偽の報告をしたり，事実を隠蔽すると100万円以下の過料に処せられる（会社法976条6号）。

設例 3

取締役会議事録閲覧謄写の許可申請

監査役設置会社で取締役会議事録の閲覧等をする手続は，どのようなものでしょうか。

A 以下，解説に述べるとおりです。

解説

1 | 取締役会議事録

取締役会設置会社は，取締役会議事録を作成し（会社法369条3項），取締役会の日から10年間，その本店に備え置かなければならない（会社法371条1項）。

「備え置き」とは，適法な閲覧等の請求がなされた場合や閲覧について裁判所が許可をした場合に，これに応じることができるような状態に置くことである［落合2009，323頁］。

会社の株主，債権者等は取締役会議事録の閲覧等の請求をすることができるが，備置期間経過後は，会社法371条2項以下に基づく閲覧等の請求はできないとする裁判例（東京地決平成18年2月10日判時1923号130頁）と，学説［落合2009，323頁］がある。

しかしながら，著者は，真実発見の要請から，上記のように厳格に考える必要はなく，取締役会議事録が会社に保存されている限りは閲覧等の請求を認めてよいと考える。なお，訴訟になれば，文書提出命令（民事訴訟法223条）の対象となる余地もある。

監査役設置会社である会社の株主は，その権利を行使するため必要があるときは裁判所の許可を得て，議事録の閲覧等の請求をすることができる（会社法371条2項・3項）。この権利は，共益権に限らず，自益権も含まれる［東京地裁商事研2009，5頁］。権利行使の必要性は，新株発行差止めの仮処分申立て（会

社法210条），新株発行無効の訴えの提起（会社法828条1項2号），株主総会決議取消しの訴えの提起（会社法831条），株主代表訴訟の提起（会社法847条），取締役の責任追及（会社法429条）等の準備のために認められる。

　取締役会設置会社の債権者は，その権利を行使するため必要があるときは，裁判所の許可を得て子会社の取締役会議事録の閲覧謄写をすることができる（会社法371条4項）。

　取締役会設置会社の親会社の株主は，その権利を行使するため必要があるときは，裁判所の許可を得て子会社の取締役会議事録の閲覧謄写をすることができる（会社法371条5項）。

　監査役設置会社でない会社の株主は，会社の営業時間内であれば裁判所の許可がなくとも取締役会議事録の閲覧等の請求をすることができる（会社法371条2項）。なお，監査役の監査の範囲を会計に関するものに限定する旨の定款がある会社（会社法389条）は，監査役設置会社（会社法2条9号）ではないので，裁判所の許可は必要がない。

　また，旧商法下の小会社（株式会社の監査等に関する商法の特例に関する法律1条の2第2項）は，上記の定款の定めがあるものとみなされるので（会社法の施行に伴う関係法律の整備等に関する法律53条），裁判所の許可は必要でない。

　株主，債権者が裁判所に許可を申し立てる場合には，書面による必要があり（会社法876条；会社非訟事件等手続規則1条），会社の本店所在地を管轄する地方裁判所の管轄となる（会社法868条1項）。親会社の株主による子会社の取締役会議事録閲覧謄写許可申請については，子会社の本店所在地を管轄する地方裁判所の管轄となる（会社法868条2項）。

　許可が申請された場合には審尋期日を開いて申立人と会社の陳述を聴く（会社法870条2項1号）。

　閲覧等により会社に著しい損害を及ぼすおそれがあると認めるときは，裁判所は許可をしてはならない（会社法371条6項）。

　裁判所の許可がなくとも，会社の判断で株主に取締役会議事録の閲覧等をさせることは許されると解されているので，審尋では通常会社に対して「支障が

なければ閲覧等を許したらどうか」という趣旨の勧告があり、会社が閲覧等を許し許可申請が取り下げられたり和解になるケースが割合多い（非訟65Ⅱ）[大竹2020；東京地裁商事研2009、6頁；上柳1987a、126頁]。

　株主総会議事録の閲覧等の請求がなされることはあまりないが、取締役会議事録の閲覧等の請求がなされることは結構多い。これは攻撃側の株主が株主総会に出席できることが多いのに反して、自分サイドの取締役がおらず取締役会の内容等を掌握できないケースも相当あるからだと思われる。

2 ┃ 請求者による仮処分の申立て

　裁判所の許可が下されているにもかかわらず、会社が閲覧等を許さない場合には、過料の制裁（会社法976条4号）はあるものの、閲覧等を強制する会社法上の制度はないので、会社を債務者として仮の地位を定める仮処分（民事保全法23条2項）を申し立てるか、会社を被告として訴えを提起するほかはない[大竹2020、12頁]。

　通常は、訴えを提起しても時間的に間に合わないので、仮処分を申し立てることになろう。裁判所の許可を得ているのにもかかわらず、会社がそれに従わないのであるから、割合容易に裁判所より仮処分決定が下されると思われるほか、保証金も少額、場合によっては無保証の場合もあり得よう。

　さらに、閲覧等を認める仮処分決定が下されても会社が閲覧等をさせない場合には、仮処分の執行（民事保全法52条）をするほかない。具体的には間接強制（民事執行法172条）による。間接強制とは、仮処分の債務者（会社）が仮処分決定に従わない場合に、仮処分の債権者（株主）に「債務の履行を確保するために相当と認める一定の額の金銭」を支払うことを、裁判所が仮処分の債務者（会社）に対して命じるものである。仮処分の執行は民事執行と違って、債権者に対して仮処分命令が送達された日から2週間を経過すると執行をすることができなくなるので（民事保全法43条2項）、注意する必要がある。

　債権者は、役員の責任を追及するため必要があるときは、裁判所の許可を得て、取締役会議事録の閲覧等の請求をすることができる（会社法371条4項）。

役員の責任の追及とは，役員の対第三者責任（会社法429条）と，職務執行に関する役員の債権者に対する不法行為責任の追及のことである。

3 ┃ 役員による情報入手

　非上場会社における株主による支配権獲得戦の際に痛感するのは，自分サイドの者が取締役・監査役に選任されている場合とそうでない場合とでは，入手できる情報量が大きく違うことである。後者においては，取締役会議事録閲覧謄写をするほかないが，直接取締役会に出席するのとは獲得できる情報量に質的な差が生じることが多い。

　株主間で紛争が発生した場合には，少数派の取締役・監査役が取締役会に出席することは，多数派によるプレッシャーもあり，精神的ストレスが多いものと思われるが，取締役会に毎回必ず出席することが大切である。これについては，〔設例34〕を参照されたい。

設例4

会計帳簿等閲覧謄写等の請求

会計帳簿等閲覧謄写等をする手続は，どのようなものでしょうか。実際には，どのようなことが問題となりますか。

A 以下，解説に述べるとおりです。

解説

1 保存期間

会社は，会計帳簿を作成し，会計帳簿の閉鎖の時から10年間保存しなければならない（会社法432条）。

上記保存期間終了後は会計帳簿の閲覧等の請求ができないとする裁判例（東京地判昭和55年9月30日判夕434号202頁）がある。しかし，会社法433条は閲覧等の対象として「会計帳簿又はこれに関する資料」とのみ規定しており，保存期間について制限がされていないこと，保存期間と帳簿閲覧謄写請求権とが連動する規定になっていないこと等より，保存期間終了後の会計帳簿等についても閲覧等の請求ができると解する［東京地裁商事研2011b，670頁］。

ただ，会計帳簿等の閲覧請求をする場合には，会計帳簿等が現存していることについて，株主に主張立証責任があるところ，保存期間内は現存するとの推定が働くが，保存期間終了後はその推定が働かない［東京地裁商事研2011b，670頁］。

2 非限定説と限定説

「会計帳簿又はこれに関する資料」の内容については，旧商法293条の6では「会計ノ帳簿及資料」となっていたが，それについて非限定説と限定説とがあった。

非限定説は，「会計帳簿」については，法律で会社に作成義務があるものに

限らず，会社が任意に作成したものも含むとし，「会計の資料」は，伝票，受領書のほか，会計帳簿の記録材料として使用された場合であれば契約書，信書等も含まれるとする。

　限定説は，旧商法32条（現商法19条2項に対応）が規定する「会計帳簿」すなわち，会計学の日記帳，仕訳帳，元帳が含まれるものとし，「会計の資料」は，伝票，受領書，会計帳簿の記録材料として使用された契約書，信書も含まれるとする。

　旧商法下では，裁判例は限定説をとっていた（東京地決平成元年6月22日判時1315号3頁；横浜地判平成3年4月19日判時1397号114頁；大阪地判平成11年3月24日判時1741号150頁）。

　会社法では，「会計帳簿又はこれに関する資料」と規定している。これについて非限定説を否定する根拠を与えるとする学説［鳥飼2006，352頁］と限定説を採用するという趣旨であるとする学説［江頭2005，4頁］がある。

　旧商法では条文により，「会計帳簿」，「会計ノ帳簿」，「会計の帳簿」とされていた。立案担当者は，会社法がそれを「会計帳簿」と語句を統一したのは，会社法で各条文の解釈を統一したのではなく，各規定の趣旨により解釈されるべきだとしている［相澤2005，28頁］。これについては今後の裁判例に注目するべきである。

3 ┃ 会計帳簿等の閲覧請求の手続

　総株主（株主総会において決議することができる事項の全部について，議決権を行使することができない株主を除く）の議決権の100分の3（これを下回る割合を定款で定めた場合は，その割合）以上の議決権を有する株主または発行済株式（自己株式を除く）の100分の3（これを下回る割合を定款で定めた場合は，その割合）以上の数の株式を有する株主は，会社の営業時間内は，いつでも，「会計帳簿又はこれに関する資料」の閲覧または謄写等の請求をすることができる。

　この場合においては，請求の理由を明らかにしなければならない（会社法433条1項）。旧商法293条ノ6第2項と違い，請求は法律上は書面による必要

はないが，言った言わないの問題にならないように，また請求の理由を会社に
わかりやすくするために，書面による方が望ましい。なお，定款に「請求は書
面による必要がある」と定められていた場合には，なおさら，書面によるべき
である。なお，その定めは相対的記載事項として有効と考えられる。

　定款（会社法31条2項），株主名簿（会社法125条2項），株主総会議事録（会社
法318条4項），取締役会議事録（会社法371条4項），計算書類（会社法442条3項）
と違い，債権者は会計帳簿等閲覧謄写等の請求をすることはできない。

　法が請求者に対して請求の理由を明らかにすることを要求するのは，第1に，
記載された理由により要求する会計帳簿等の範囲を会社が知ったり，その閲覧
等請求が拒否事由に該当するかどうかを判断したりするためと，第2に，帳簿
等の閲覧には会社の営業上の支障や営業秘密の漏洩等があり得るので，ある程
度具体的な閲覧等の目的がある者に限って閲覧等を認めることにある。した
がって，その趣旨に則って請求の理由を記載する必要がある［東京地裁商事研
2011b，663頁］。たとえば，最判平成2年11月8日（判時1372号131頁）は，「此
度貴社が予定されている新株の発行その他会社財産が適正妥当に運用されてい
るかどうかにつき，商法293条ノ6の規定に基づき，貴社の会計帳簿及び書類
の閲覧謄写をいたしたい」という閲覧請求書の内容が請求の理由を具体的に記
載したものとはいえないとした原審の判断を是認した。

4 ┃ 会社による閲覧謄写等の拒否

　上記の請求があったときは，①請求者がその権利の確保または行使に関する
調査以外の目的で請求を行ったとき，②請求者が当該株式会社の業務の遂行を
妨げ，株主の共同の利益を害する目的で請求を行ったとき，③請求者が当該株
式会社の業務と実質的に競争関係にある事業を営み，またはこれに従事する者
であるとき，④請求者が会計帳簿またはこれに関する資料の閲覧または謄写に
よって知り得た事実を利益を得て第三者に通報するために請求したとき，⑤請
求者が，過去2年以内において，会計帳簿またはこれに関する資料の閲覧また
は謄写により知り得た事実を利益を得て第三者に通報したことがある場合を除

き，株式会社はこれを拒むことができない（会社法433条2項）。

　③の例として，楽天の完全子会社が原告となり，東京放送を被告として5事業年度分の有価証券台帳または有価証券元帳等の閲覧謄写を請求したところ，会社法433条2項3号は，請求者が競争関係にある事業を現在営む場合ばかりでなく，近い将来競争関係に立つ蓋然性が高い者も含まれることとし，原告が楽天の完全な支配に服していること等を理由として同号により拒否できるとした裁判例（東京地判平成19年9月20日判時1985号140頁）がある。

　株主代表訴訟の提起を閲覧の目的にした場合であっても，取締役の違法行為について立証する必要はない［東京地裁商事研2011b，665頁］。

　株主は，会計帳簿等の謄本または抄本の請求はできない。会社法は，「謄写」（会社法125条2項，252条2項，684条2項）と「謄本又は抄本の交付の請求」（会社法31条2項2号，442条3項2号）とを使い分けているので，株主は当然には会計帳簿等の謄本または抄本の請求はできない［東京地裁商事研2011b，689頁］。

　株主は，会社に対して帳簿の内容について説明を求める権利はないとするのが通説であるが，会計帳簿の落丁とか膨大な会計帳簿等の中のどこに請求に係る帳簿等があるとかの形式面に関する説明要求権はあるとされている［東京地裁商事研2011b，688頁］。ただ，実際に内容についても質問すると会社が答えることも少なくないので，株主側とすればソフトな口調で質問してみる価値はあるものと思われる。

5 ┃ 請求者による仮処分の申立て

　会社が不当に請求に応じない場合には，株主としては訴えを提起しても時間的に間に合わないので，会社を債務者として仮処分を申し立てるべきである。この場合，実務上難しいのは，帳簿の特定である。帳簿の特定については，東京地裁商事研2011bの671頁以下が詳しい。

　特定不要説も有力であるが，実際の仮処分では裁判所から帳簿の特定を求められることが多い。

　ただ仮処分の申立てをする段階では，たとえば第○期と第○期の会計帳簿等

の閲覧等を要求する場合であっても，会社にはどのような「会計帳簿又はこれに関する資料」があるのか，株主にとってよくわからない場合がある。その場合には一般的な帳簿名等を記載しておけば足りる。

通常は，審尋の中で裁判所の指導に従って会社が任意に一部の会計帳簿等を提出することも多く，審尋の最終段階においては提出義務について争いのある会計帳簿等が相当程度はっきりしてくる。そのときに裁判所から具体的な会計帳簿等の特定を要請されることが多いが，その段階になれば特定もそれほど難しくない。

仮処分を申し立てる段階で特定について網羅的であり参考になるものとして，東京高判平成18年3月29日判タ1209号266頁があるので引用する。これは旧商法に関するものであるほか，仮処分ではなく訴訟の裁判例である。

なお，仮処分の場合には，「保全の必要性」（民事保全法23条1項）の観点から，前記（15頁）の①から⑤の事実がなくとも，訴訟と違って帳簿の一部についてしか閲覧謄写等が認められないことがある。

会社が上記仮処分に従わないときについては，〔設例6〕を参照されたい［東京地裁商事研2011b，691頁］。

親会社の株主は，その権利を行使するため必要があるときは裁判所の許可を得て，会計帳簿等の閲覧謄写をすることができる（会社法433条3項）。ただし，前記の①から⑤のいずれかに該当する事由があれば，裁判所は許可をすることができない（会社法433条4項）。

6 | 株主でない取締役による会計帳簿等の閲覧等の請求権

なお，設例から少し外れるが，株主でない取締役に会計帳簿等の閲覧等の請求権はあるかについて，以下に説明する。これについては閲覧等を認めるべきでないとする学説［東京地裁商事研2011b，662頁］がある。

その理由として，取締役は会社に対して委任事務を処理する債務を負うが，会社は提供された委任事務処理の受領義務を負うことはないので，取締役が会

社に対して委任事務の遂行請求権を有すると解することはできないとしている。

しかし，取締役は会社に対して善管注意義務を負っており，これを履行しない場合には会社・株主等に対して損害賠償義務を負うこともあるので（会社法423条，429条），会計帳簿等を閲覧しなければ善管注意義務を果たせない場合に閲覧等ができないことは不都合である。実際には，代表取締役社長等が会計帳簿を自分に敵対的な取締役には閲覧させない場合に問題となることが多いと思われる。

裁判例（名古屋地決平成7年2月20日判タ938号223頁）は，権利濫用を理由として結論は否定したものの，「商法上取締役の会計帳簿等の閲覧謄写に関する明文の規定はないが，会社の業務を執行し，経営に参画するという取締役の職務の性質上，職務に必要な限り会社の会計帳簿等の閲覧謄写を求める権限を有すると解すべきである」と判示しており，その抗告審もその一般論を維持している（名古屋高決平成8年2月7日判タ938号221頁）。

東京地判平成23年10月18日金判1421号60頁は，「取締役がその地位に基づき会社に対して会計帳簿等の閲覧謄写を求める権利を有するとはいえない」としている。

7 | 株主でない監査役による会計帳簿等の閲覧等の請求権

監査役の「会計帳簿等の閲覧請求権」の有無について，具体的な条文はないが，監査役には取締役の職務の執行を監査する権限があるから（会社法381条1項），会計帳簿等の閲覧請求権があると解される。ちなみに，定款の定めにより「監査の範囲を会計に関する者に限定された監査役」は，会計帳簿等の閲覧請求権を有するとする条文（会社法389条4項）が存する。監査の範囲を限定されている者についても，会計帳簿等の閲覧請求権があるので，限定されていない者には当然あると思われる。

結論として，株主でない監査役による会計帳簿等の閲覧等の請求権は存在するものと解される。

設例5

計算書類等の謄本の交付等請求

　私は会社の株主ですが，会社の7年前の計算書類の謄本の交付を希望しています。認められるでしょうか。

A 　許されないと一般的には解されています。

解説

　株式会社は，各事業年度に係る計算書類（貸借対照表・損益計算書・株主資本等変動計算書・個別注記表）（会社法435条2項；会社法施行規則116条2号；計算書類規則59条1項），事業報告，計算書類および事業報告の附属明細書を，定時株主総会の日の2週間前から本店においては5年間備え置かなくてはならない（会社法442条1項）。支店においては3年間備え置かなくてはならない（会社法442条2項）。株主および債権者は，会社の営業時間内はいつでも計算書類等の閲覧および謄本の交付の請求をすることができる（会社法442条3項）。ただし，5年間の備置期間を過ぎた計算書類等は，閲覧等の対象とならないとされている［東京地裁商事研2011b，638頁；上柳1987b，74頁］。したがって，上記の考え方を前提にすれば，会社の7年前の計算書類の謄本の交付の請求は認められない。しかし著者は，情報公開の見地から5年経過後も会社に残っている限り閲覧等の対象となると解するべきだと考えている。ちなみに，計算書類の保存期間は10年である（会社法435条4項）。

　取締役会設置会社では，定時株主総会を招集する際には書面または電磁的方法による通知が必要であるが（会社法299条2項2号），その通知の際，計算書類等を提供する必要がある（会社法437条）。したがって，株主は自分が株主である間の計算書類等については入手することができるので，計算書類等の閲覧等の権利はそれほど重要でもない。そのため，株主による閲覧等の請求がなされることはあまり多くない。著者も計算書類等の閲覧等について代理をしたこ

とはない。

　一方，債権者には計算書類等は提供されないので，計算書類等の閲覧等の権利は重要なものとなる。

　会社が計算書類等の閲覧等を拒絶する場合については，〔設例6〕を参照されたい（会社法433条）。

　親会社の株主は，その権利を行使するため必要があるときは，裁判所の許可を得て，子会社の計算書類等の閲覧等をすることができる（会社法442条4項）。

　なお，株主，債権者と会社の間で計算書類等の謄本の交付等請求以外の訴訟が係属する場合，文書提出義務を定める民事訴訟法220条の適用も問題となる。

設例6

株主名簿閲覧謄写の請求

　私が株主である会社の株主名簿を謄写したいと思います。どのようなことに気をつければよいですか。私が債権者であることを理由として会社の株主名簿を謄写したい場合はどうでしょうか。

A　　解説を参照してください。

解説 ···

1 ┃ 株主名簿の作成

　会社は株主名簿を作成し，これに株主の氏名または名称および住所，株主の有する株式の数，株主が株式を取得した日，株券発行会社である場合には株券番号を記載しなければならない（会社法121条）。これに違反した場合は100万円以下の過料に処せられる（会社法976条7号）。株式会社は，株主名簿をその本店に備え置かなければならない（会社法125条1項）。これに違反した場合は，原則として100万円以下の過料に処せられる（会社法976条8号）。

2 ┃ 株主名簿の閲覧または謄写の請求

　株主および債権者は，当該株式会社の営業時間内であればいつでも，株主名簿の閲覧または謄写の請求ができる（会社法125条2項）。株式数と債権額を問わない。

　会社法125条2項が株主等に認めたのは，「謄写の請求」に過ぎず，謄本の交付ではないので，株主等は謄本の交付を請求することはできない［東京地裁商事研2011b，654頁］。

　会社法においては，①裁判所の許可を得た上の取締役会議事録閲覧謄写請求（会社法371条2項・3項），②会計帳簿等閲覧謄写請求（会社法433条），③株主

名簿閲覧謄写請求（会社法125条2項1号），④株主総会議事録閲覧謄写請求（会社法318条4項1号）では，「謄写の請求」となっており，⑤計算書類等の謄本または抄本の交付等請求（会社法442条3項2号），⑥定款の謄本または抄本の交付等請求（会社法31条2項2号）では「謄本又は抄本の交付の請求」となっている。

　〔設例1〕で述べたように，「謄写の請求」と「謄本又は抄本の交付の請求」を使い分ける合理的理由は考えられないが，条文が明白に使い分けている以上，上記のように解するほかはない。

　ただ，実務においては，会社側からすると株主等が会社に立ち入ることに抵抗があるのか，会社が謄本を交付することや送付することも少なくない。会社と請求者の双方に異論がなければ，その実務は容認されてもよいものと解される。

　閲覧謄写は，株主および債権者に限らず代理人によってなすことも許される。ただし，その代理人について会社法125条3項3号から4号の要件があれば，会社は閲覧等を拒否できる［東京地裁商事研2011b，655頁］。謄写費用は株主等の負担である［東京地裁商事研2011b，655頁］。

　閲覧等を請求するには，次に述べるように請求の理由を明らかにする必要がある（会社法125条2項）。

　債権者が株主名簿の閲覧等を請求した場合，権利の確保または行使に関する調査以外の目的による請求だとして，会社が閲覧等を拒否することが考えられる（会社法125条3項1号）。また，それに対して債権者が株主名簿の閲覧等の仮処分を申し立て，裁判所がそれを判断する場合には，会社の言い分が認められる可能性が相当高いものと思われる。

　株主名簿の閲覧等を請求する場合には，法律上は書面による必要はないが，旧商法263条3項と違い，請求の理由を明らかにしなければならない（会社法125条2項）。後になって，言った言わないの問題になるのが面倒であるほか，請求の理由を明確にするために，請求は書面によるべきである。

　支配権獲得戦では，請求者は「株主から株式を購入する予定でいるところ，

誰が株主であるかを確認するため」,「株主総会における委任状の交付を受けるために,また少数株主権の行使を目的として同志を募るために株主の氏名,名称,住所およびその持株数を知る必要があるので」等を理由とすればよい［東京地裁商事研2011b, 649頁］。ただ,気をつける必要があるのは,複数の理由がある場合である。

　最決平成22年9月14日（『資料版商事法務』321号60頁）では,会社が上場会社であったところ,有価証券報告書等に虚偽記載があったとして課徴金納付命令が金融庁より下された。その後,株主が株主名簿謄写仮処分を申し立てた際,その目的として次の5つを挙げた。

　ア　現在の取締役の再任拒否に賛同する株主を募る目的

　イ　金融商品取引法上の損害賠償義務を債務者の取締役が自主的に履行しない点につき,取締役を問責する決議に賛同する株主を募る目的

　ウ　金融商品取引法上の損害賠償請求訴訟の原告を募る目的

　エ　会計帳簿閲覧謄写請求権の行使に賛同する株主を募る目的

　オ　債権者の選ぶ者を債務者の取締役に選任することに賛同する株主を募る目的

　裁判所は上記理由のうち,ア,イ,エ,オは,会社法125条3項1号の「その権利の確保又は行使に関する調査」に該当するが,ウは該当しないほか保全の必要性がないとして,申立てを却下した。したがって,拒否事由に該当すると判断される可能性のあるものは,請求の理由とするべきではない。

　株主および債権者は,現在の株主名簿の閲覧等の請求はできるが,過去の株主名簿等の閲覧の請求をすることはできない。というのは,会社法125条2項の「株主名簿」は,会社法121条の「株主名簿」であるが,後者は現在の株主名,株式数等を記載しているものであるほか,請求者にとって,株主名簿の閲覧等により現時点の株主構成がわかれば足りると思われるからである［東京地裁商事研2011b, 647頁］。

　なお,東京地決昭和63年11月14日（判時1296号146頁）は,「少数株主による

株主総会招集が裁判所により許可された場合には，当該少数株主に対し株主総会招集権が付与されるのであるから，その当然の効果として，少数株主は，総会に招集すべき株主を確知する権利を有するというべきであり，右確知のためには，株主名簿を閲覧・謄写することができるのはもちろんのこと，基準日現在の株主を最終的に確定した株主名簿の作成を待っていては裁判所の定めた期限までの総会招集が事実上不可能になるような場合には，株主名簿に代り基準日現在の株主を確知することができる書類の閲覧・謄写をすることもできるものと解するのが相当である」と判示し，株券および名義書換請求書の閲覧謄写を認める仮処分決定をしている。ただ，上記決定は少数株主が株主総会を招集したケースであり，それ以外の場合には株券，名義書換請求書の閲覧等は認められないものと思われる［東京地裁商事研2011b，648頁］。

3 ｜ 会社による株主名簿閲覧謄写等の拒否

　①請求者がその権利の確保または行使に関する調査以外の目的で請求を行ったとき，②請求者が当該株式会社の業務の遂行を妨げる，または株主の共同の利益を害する目的で請求を行ったとき，③請求者が利益を得て第三者に通報するために株主名簿の請求を行ったとき，④請求者が過去2年以内に株主名簿の閲覧等で知り得た事実を利益を得て第三者に通報したことがあるときは，会社はその請求を拒否することができる（会社法125条3項）。

　なお，旧商法263条には拒絶理由は規定されていなかったところ，会社は権利濫用に当たる請求は拒否できるが，権利濫用に当たることについての主張立証責任は会社にあるというのが判例であった。

　会社側とすれば，株主から株主名簿閲覧等の請求があった場合には，明らかな拒否事由があれば，拒否することに問題はない。しかし，単なる嫌がらせの拒否であると第三者が考えるような状況下では，会社側は拒否するべきではない。それは，不当な閲覧拒否をすれば，100万円以下の過料に処せられる（会社法976条4号）ばかりではなく，いわゆる一般の「世論」に対して悪影響があるほか，裁判所に対しても良い印象を与えないからである。

　というのは，株主による支配権獲得戦では，いろいろな仮処分・非訟事件・訴訟事件が同一の裁判所に係属することが少なくないが，会社の現経営陣が無茶なことをするという予断を裁判所に与えると，今後の裁判所による決定等の際に不利になることがあり得るからである。仮処分等を直接担当する裁判官は同一人でないことも多いが，担当裁判官は通常同一の部に所属することが多く，会社に対する担当裁判官の評価が他の裁判官に影響することがあるので，注意しておくべきである。

　著者の経験でも，1つの支配権獲得戦で同一の地方裁判所にいくつもの仮処分や非訟事件を申し立てたことがあり，その際，複数の裁判官が担当したが，裁判所の仮処分等を担当する部から信用されたようで，いずれも当方に有利な決定が下された。通常よく見られるありふれた主文の仮処分決定ばかりではなく，仮処分の主文例集にも記載されていないような珍しい，当方に有利な仮処分決定も下された。また，それらのうちの株主名簿閲覧の仮処分については，会社の審尋もなされず，保証金も不要であった。

　なお，上述した「世論」に関して言うと，株主間紛争では「大義名分」も馬鹿にはできないことを忘れてはならない。注意しなければならないのは，株主が自分の信念に基づいて行動していても，世間から見るとしょせん株主が自分の個人的な利益を追求しているだけだと見られがちである。したがって，世論や裁判所を味方につけるためには，世論等が納得する「大義名分」をアピールすることが大切である。その点からも，マスコミと友好的な関係を保つことも重要である。

4 ▎株主名簿の閲覧等の請求者による仮処分の申立て

　株主名簿の閲覧等を請求したにもかかわらず会社が応じない場合には，法的手続をとる必要がある。訴訟では時間的に間に合わないので，通常は，仮の地位を定める仮処分（民事保全法23条2項）が申し立てられる。この仮処分では，前述したように例外もあるが，通常の場合には審尋（民事保全法23条4項）がなされ，会社の言い分も聞かれる。

　なお，審尋の手続中に裁判所が会社に対して，任意に閲覧謄写等を認めることを事実上勧告し，会社がそれに応じ，その結果仮処分が取り下げられることも少なくない。

　株主名簿の閲覧等を認める仮処分決定が下された場合には，会社は保全異議の申立て（民事保全法26条）をすることができる。なお，上記申立てをしても裁判所が執行停止（民事保全法27条）を命じない限り，仮処分決定の執行力は失われない。したがって，会社は，保全異議の申立てと同時に執行停止等の申立て（民事保全法27条）をし，保全命令の取消しの原因となることが明らかな事情および保全執行により償うことのできない損害を生じるおそれがあることについて疎明をすることが必要である。しかも，担保を立てなければならない。なお，執行停止等の申立てをするためには保全異議の申立てをすることが必要であるので，留意されたい。

　会社が仮処分決定に従わないときは，請求者としては保全執行をするほかない。仮処分手続において，弁護士が会社の代理人として関与している場合には，仮処分決定に会社が従わないということは通常考えられない。しかし，弁護士が関与していない場合や弁護士がついていても例外的なケースもまれにある。その場合には，仮処分の執行手続（民事保全法52条）のうち間接強制（民事執行法172条）による。

　間接強制とは簡単に説明すれば，債務者が債務を履行しない場合に，債権者に対して一定の金額を支払うことを裁判所が債務者に命じることによって，債務者に対して債務の履行を強制するものである。具体的に言うと，遅延の期間に応じ，または相当と認める一定の期間内に履行しないときは，直ちに債務履行を確保するために裁判所が相当と認める金銭を債権者に対して支払うべきことを，裁判所が債務者に命ずるものである。主文は以下のようなものである。

記

決　　定

当事者　別紙当事者目録記載のとおり

上記当事者間の東京地方裁判所　平成○○年（○）第○○号○○事件の執行力のある○○正本に基づく債権者の間接強制申立てを相当と認め，次のとおり決定する。

主　　文

1　債務者は，債務者の株主名簿を，その保管場所（債務者会社本店）において，営業時間内に限り，債権者に閲覧，謄写させなければならない。

2　債務者が本決定送達の日から○日以内に前項記載の債務を履行しないときは，債務者は債権者に対し，上記期間経過の翌日から履行済まで1日につき金○○円の割合による金員を支払え。

　株主等が仮処分を申し立てた場合，裁判所がそれを認容するべきではないとの心証を得たときは，裁判所は申立人に対して取下げを勧告し，それに応じなければ却下決定を下す。実務上は，申立人が抗告するつもりがあれば，裁判所の上記勧告に応じず，下された却下決定に対して2週間以内に即時抗告をする（民事保全法19条）。

　親会社の株主は，その権利を行使するため必要があるときは，裁判所の許可を得て子会社の株主名簿の閲覧等を行うことができる（会社法125条4項）。前述の拒否事由があるときは，裁判所は許可をすることができない（会社法125条5項）。この許可が下されても，会社側が子会社の株主名簿の閲覧等を認めなければ，上述のように仮処分，間接強制の手続きによるほかない。

設例7

定款の閲覧請求

　私は会社の株式を1株しか所有していませんが，会社に対して定款の謄本の交付を請求することはできるのでしょうか。

A　　できます。

解説

　会社は，定款を本店および支店に備え置かなければならない（会社法31条1項）。株主および債権者は，当該株式会社の営業時間内であれば，いつでも定款の閲覧・謄本または抄本の交付の請求ができる（会社法31条2項）。

　通常の支配権獲得戦では，商業登記簿謄本に登記されている以外の定款記載事項の内容を知る必要があまりないためか，株主による定款の閲覧等の請求は実務上それほど多くない。

　定款の閲覧等の必要性がある場合の1つとして，監査役の権限の確認があった。すなわち，監査役は取締役の職務の執行を監査する権限がある（会社法381条1項）が，公開会社でない会社では，原則としてその監査役の監査の範囲を，定款で「会計に関するもの」に限定することができる（会社法389条1項）。この権限を限定された監査役は，取締役会への出席権（会社法383条1項），取締役との間の訴えにおいて会社を代表する権限（会社法386条1項），株主から役員に対する責任追及の訴え提起の請求を受ける場合に会社を代表する権限（会社法386条2項1号）がなかった。それにもかかわらず，平成26年の会社法改正以前には，監査役の権限が限定されているかどうかは，商業登記簿上は明らかではなかった（会社法911条3項17号）ので，定款を確認する必要があった。ところが，上記改正により，上記内容が登記事項になったので（会社法911条3項17号），定款の閲覧等の必要性が少なくなった。

　会社が定款の閲覧請求に応じない場合の対応については，〔設例6〕を参照

されたい。親会社の株主は，その権利を行使するため必要があるときは，裁判所の許可を得て子会社の定款の閲覧等の請求ができる（会社法31条3項）。

　なお，定款の閲覧等を請求すると，請求者がその会社に対して関心を持っていることが会社にわかるので，請求するのであれば，その時期をよく検討する必要がある。

Column①　弁護士報酬

　有能な弁護士の助力なくして「非上場会社の敵対的M＆A」で勝利することは難しい。上記の案件に関する弁護士の報酬は時間制であることが多く，時間単価は弁護士により相当幅がある。依頼者にとって，時間単価は安い方がよいとは必ずしも言えない。というのは，「経験豊富な弁護士」は，時間単価が高い傾向があるが，長年の勘により調査を必要とする事項が「経験の乏しい弁護士」より少ないほか，同一事項の調査について必要時間が短く，トータルの弁護士報酬が安く，しかも結論も妥当なことが多いからである。

　弁護士の所要時間を少なくするため，依頼者には工夫が必要である。たとえば，打ち合せをする場合，自社ではなく法律事務所で行ったり，打ち合せに資料が必要なときにはメール等で事前に弁護士に送付しておくべきである。というのは，弁護士が事前に資料を読めば，打ち合せの効率が上がるからである。また，事前に資料を読む際，判例・学説等の調査が必要となることもあるが，弁護士が調査を済ませてから打ち合せに臨む方が会議の時間が大幅に短くなるばかりでなく，妥当な判断を下すことが可能となる。そのほか，弁護士は打ち合せの際だけではなく，普段歩いている時や風呂に入っている時も事件について考えていることが多いので，事前に情報を提供することはその点からも有益である。ちなみに，歩いている時等に考えている時間は，通常，チャージされない。

設例8

株主総会議事録の閲覧謄写申請

　私は，会社の株主です。会社に対し株主総会議事録の閲覧謄写を請求していますが，応じてくれません。どのような対策が考えられますか。

A　　裁判所に対して仮処分を申し立てるべきです。

解説

　株式会社は株主総会の議事について議事録を作成し（会社法318条1項），株主総会の日から本店においては10年間議事録を，支店においては原則として5年間議事録の写しを備え置かなくてはならない（会社法318条2項・3項）。

　株主および債権者は，株式会社の営業時間内はいつでも，議事録または議事録の写し等の閲覧または謄写の請求をすることができる（会社法318条4項）。株主名簿の閲覧等（会社法125条2項）・会計帳簿等の閲覧等（会社法433条1項）と違い，定款の閲覧等（会社法31条2項〜4項）・計算書類等の閲覧等（会社法442条3項・4項）と同様に，閲覧等の請求の理由を明らかにする必要はない。

　なお，株主名簿閲覧（会社法125条3項），会計帳簿閲覧（会社法433条2項）と違い，会社法上の拒否事由はない。これは定款の閲覧請求（会社法31条2項），計算書類の閲覧請求等（会社法442条3項）と同様である。

　会社が上記請求に応じない場合には，訴訟では時間的に間に合わないので，会社を債務者として閲覧等の仮処分（民事保全法23条2項）を申し立てる必要がある。

　親会社の株主は，その権利を行使するため必要があるときは，裁判所の許可を得て議事録または議事録の写し等の閲覧または謄写の請求をすることができる（会社法318条5項）。この場合，裁判所の許可を得たにもかかわらず，会社がその請求に応じないときには，その許可には会社に対して執行力がなく強制執行をすることはできないので，会社を債務者として閲覧の仮処分を申し立て

る必要がある。裁判所の許可があったにもかかわらず閲覧等を拒否するものであるので，閲覧等を認める仮処分決定が割合容易に裁判所から下される可能性が高いと思われるほか，担保（民事保全法14条）も比較的安かったり，場合によっては保証金を必要としない場合もあり得よう。

　仮処分決定が下されても，会社が閲覧等を認めない場合は間接強制をすることになるが，その内容については〔設例6〕を参照されたい。

Column②　弁護士の能力

　「非上場会社の敵対的M&A」において弁護士に必要な能力は，第1に全体観，第2に法律・会計・税法・登記等の専門知識，第3に訴訟・仮処分等のスキル等である。

　第1については，弁護士の通常関与する訴訟は，依頼者1人につき1つ，多くても数個のことが多い。それに反して，「非上場会社の敵対的M&A」は，全体的な争いであり，裁判所の関与しない局面での争いのほか，複数の訴訟・仮処分が提起されることも少なくない。いわば，「点の戦い」，「線の戦い」ではなく，「面の戦い」である。それらのすべて勝てればよいが，そうではなくとも全体で勝利することは充分可能である。限界のある自陣営の能力を効率的に使うことが重要である。

　第2については，高度な知識・スキル等が必要である。これは通常の勉強だけで身に着けることは難しく，類似の事件を多数扱う中で研究を深めることが必要である。また，会計・税法・登記等については，自分に完全な専門知識がなくとも，それらに精通している専門家と意思疎通ができる知識があれば足りる。

　第3については，訴訟・仮処分等がまったくないケースもあるが，必要があれば訴訟・仮処分を行うことも辞さないというスタンスをとることは，バーゲニングパワーを強める。

第2節　株　式

設例9

株式に対する強制執行

　非上場会社における支配権獲得戦において，相手方となっている株主に対して，以前に損害賠償請求の訴えを提起し勝訴し，その判決は確定しています。相手方の有するその非上場会社の株式に対する強制執行をすることは可能でしょうか。また，可能だとすれば，その手続はどのようなものでしょうか。

A　非上場会社における支配権獲得戦では，対立当事者の一方が相手方に対して債権を有することがあります。それが単なる債権にとどまらず，確定した判決・仮執行を付した判決等の債務名義（民事執行法22条）となっていれば，それを用いて強制執行により相手方の有する株式を取得することができる場合があります。その手続については解説を参照してください。

解説

1 ｜ 株券発行会社において 株券が発行されている場合の強制執行

(1) 株主が株券を占有している場合

　まず，実際に株券が発行されている株式の強制執行について検討する。株券は有価証券であり民事執行法上の動産であるので（民事執行法122条）［中野貞一郎・下村正明『民事執行法〔改訂版〕』654頁］，動産に対する強制執行は執行官の差押えにより開始する（民事執行法122条1項）。その差押えは，執行官が占有して行う（民事執行法123条1項）。なお，執行官は債務者の住居その他債務者の占有する場所に立ち入り，目的物を捜索することができる（民事執行法123条2項）が，債務者が本気で隠せば，株券を見つけ出すことは困難であろう。見つからない場合には，差押えができないので執行を開始することができない。

幸運にも差押えをすることができれば，原則として「入札」または「競り売り」により売却される（民事執行法134条）。債権者がその株式を取得したければ，入札するか買受けの申出をすることにより取得することができる。ただ，他の買受け希望者が存在すれば値段次第で，債権者が入手できるかどうかは保証の限りではない。

ただ，他の買受け希望者が支払う金員は額面どおりのものであるが，競売等をする場合には債権者の債権は少なくとも一定程度は不良債権化していることが多いところ，債権者は競落代金が原則として自己に配当されるので，他の参加者より高い値段を提示することが事実上可能である。具体的に述べると，次のようになる。たとえば債権者が「100」の債権を有するとし，入札等をなされる株式の評価を一応「30」とする。その場合，債権者以外の入札者等は「30」で入札することが一応想定される。債権者は他の配当要求者がいない場合入札額は原則として債権者に配当されるので，「100」全額の回収が困難であれば，たとえば「50」の入札にも合理性がある。したがって，他の入札者より高額の入札をすることが可能であり，株式を入手する可能性が高くなる。

（2）株主が第三者に株券を寄託している場合

この場合には，原則として株主のその第三者に対する「株券引渡請求権」に対する強制執行（民事執行法143条）となるが，現実には，株券を占有している第三者を見つけることは困難である。なお，債権者または提出を拒まない第三者が株券を占有する場合には，（1）の手続による（民事執行法124条）。

債権者は，差押えを申し立てる。その際「発行会社」と「株式数」を特定しなければならない。株式数を計算する際には，請求債権の額を1株当たりの株価で除す必要があるところ，非公開会社では取引相場がないので，債権者は株価の疎明資料を裁判所に提出する必要がある。

債権者は債務者に差押命令が送達された日から1週間を経過したときは，第三債務者に対して株券を執行官に引き渡すことを請求できる（民事執行法163条1項）。そして，第三債務者が任意に株券を引き渡さなければ，債権者は第三

債務者を被告として「執行官への引渡しを命じる訴え」を提起することができる［香川保一監修『注釈民事執行法〔第6巻〕』758頁］。執行官は引渡しを受けた株券を動産執行の売却の手続きにより売却し，その売得金を裁判所に提出し（民事執行法163条2項），裁判所が債権者に配当する（民事執行法166条1項3号）。株券の売却手続については，（1）を参照されたい。

2 ｜ 株券発行会社において株券が発行されていない場合の強制執行

（1）株券が未発行の場合

株券発行会社においても，次のように株券が未発行の場合がある。まず，第1に，会社が公開会社ではなく，株主から請求がない場合（会社法215条4項），第2に，株券発行会社の株主が株券の所持を希望しない旨を会社に対して申し出て，株券を発行しない旨を株主名簿に記載した場合（会社法217条4項），第3に，単元未満株式に係る株券を発行しないことができる旨の定款の定めがあり株券が発行されていない場合（会社法189条3項），第4に，株券発行会社が公開会社であるのに株式を発行後遅滞なく株券を発行しない場合（会社法215条1項）である。その場合，100万円以下の過料に処せられると規定されているが（会社法976条14号），著者は実際に過料に処せられたという話を聞いたことがない。第5に，違法に株券が発行されていない場合がある。

（2）未発行の株式に対する執行手続

上記の未発行の株式に対する執行手続は，未発行の理由を問わず次のとおりである［東京地裁商事研2011b，840頁；中村さとみ・劔持淳子編著『民事執行の実務〔第5版〕債権執行・財産調査編（下）』216頁以下］。

「その他の財産権」に対する強制執行となり，原則として債権執行の例による（民事執行法167条1項；東京地決平成4年6月26日金法1355号36頁）［江頭2021，234頁］。

まず，その他の財産権（民事執行法167条）として株式を差し押さえる必要が

ある（民事執行法167条１項，145条）。そして，第三債務者は，発行会社である。申立てに際しては，「発行会社」と「株式数」を特定する必要がある（民事執行法146条２項）。株式数を計算する際には非公開会社では取引相場がないので，債権者は株価の疎明資料を裁判所に提出する必要がある。また，株式数と単価を乗じた額が請求額の1.5倍より少なくなるようにする必要がある（『民事執行の実務〔第５版〕債権執行・財産調査編（下）』221頁）。

　差押えがあると，その効果は株券発行請求権（会社法215条１項・４項），剰余金の配当請求権（会社法453条）等に及ぶ［江頭2021，234頁］。

　債権者は，株式差押命令が債務者に送達された日から１週間を経過したときは，取立権に基づき差し押さえた株券発行権を行使し，株券を執行官に引き渡すべきことを，発行会社に対して請求することができる（民事執行法167条，163条１項）。そして，発行会社が任意に株券を引き渡さなければ，債権者は発行会社を被告として取立訴訟により株券の発行と執行官に対する交付を求めることができる。執行官は引渡しを受けた株券を動産執行の売却の手続き（民事執行法163条２項）により売却し，その売得金を裁判所が債権者に配当する（東京地決平成４年６月26日判タ794号255頁）。債権者がその株式を入手したければ，売却の手続に参加することになる。また，上記の取立てが困難な場合は，後述の譲渡命令・売却命令（民事執行法167条１項，161条）によることも可能である［『民事執行の実務〔第４版〕債権執行編（下）』252頁］。

3 ▍株券発行会社でない会社の株式に対する強制執行

（１）　株券発行会社でない会社の場合は，株式に対する強制執行は，「その他の財産」に対する強制執行となり，債権に対する強制執行の例による（民事執行法167条１項）。そこで，株式の差押命令（民事執行法145条）の後，譲渡命令・売却命令・管理命令（民事執行法161条）による（東京地判昭和57年４月23日判タ478号71頁）。差押目的物の特定のため，「発行会社」および「株式数」を記載する必要がある。超過差押えの禁止（民事執行法146条２項）の趣旨からである。

　　譲渡命令とは，株式を裁判所が定めた価額で支払いに代えて債権者に譲渡する命令である。売却命令とは，裁判所の定める方法により株式の売却を執行官に対して命じる命令である。前者においては，債権者はあらたに株式代金相当額のニューマネーを提供することなくその株式を取得できる。後者においては，債権者はその株式を入手したければ執行官のなす売却手続に参加する必要がある。裁判所は，譲渡命令・売却命令・管理命令を発する場合においては，原則として債務者を審尋する必要があるほか（民事執行法161条2項），必要があると認めるときは，評価人に評価を命じることができる（民事執行規則139条）。実務では評価命令を出し，評価書が裁判所に提出されると，裁判所は譲渡命令または売却命令を発する。譲渡命令，売却命令，管理命令の申立てに対する決定に対しては，執行抗告をすることができ（民事執行法161条3項），上記命令は確定しなければその効力を生じない（民事執行法161条4項）。

（2）　譲渡命令は債務者および第三債務者に対して送達される（民事執行法161条7項，159条2項）。なお，譲渡命令が第三債務者に送達される時までに，他の債権者が差押え，仮差押えの執行または配当要求をしたときは，その効力を生じない（民事執行法161条7項，159条3項）。裁判所は，譲渡命令を発する際に評価額を参考にして譲渡価額と譲渡株式数を決定する。譲渡命令が確定した時期に，債権および執行費用は上記「譲渡価額」の限度で減少する（民事執行法161条6項，160条）。

（3）　裁判所が売却命令を下した場合には執行官が売却し，執行官は売得金および売却にかかる調書を裁判所に提出しなければならない（民事執行規則141条4項）。債権者がその株式を入手したければ，その売却に参加することになる。

（4）　譲渡命令にせよ売却命令にせよ，対象株式が譲渡制限株式（会社法2条17号）である場合には，株式取得者は発行会社に対して譲渡承認請求（会社法137条），買取請求（会社法138条2号）をすることができる。その手続については〔設例36〕を参照されたい。

設例10

株主名簿書換請求訴訟

　私（X）は，Y株式会社の株式を株主名簿上の株主であるAから買い受けました。Y株式会社の定款には株式の譲渡につき会社の承認を受ける必要があるとの定めもなく，株券発行会社（会社法117条7項）でもありません。株式譲渡契約書に私もAも署名しましたほか，私は株式代金をAに支払いましたのに，Aは株主名簿書換えに協力してくれません。どうすればよいですか。

A　　相談者はAを被告として，Y株式会社の株式につき株主名簿の名義書換請求をせよとの意思表示を求める訴えを提起するべきです。

解説

　株式を取得したものは，株主名簿の書換えを請求することができる（会社法133条1項）。ただ，その請求は，法務省令で定める場合を除き，株主名簿に株主として記載されている者と共同していなければならない（会社法133条2項）。

　株券発行会社でない場合の例外として定められている会社法施行規則22条1項1号に「株式取得者が，株主として株主名簿に記載若しくは記録がされた者又はその一般承継人に対して当該株式取得者の取得した株式に係る法第133条第1項の規定による請求をすべきことを命ずる確定判決を得た場合において，当該確定判決の内容を証する書面その他の資料を提供して請求をしたとき」と定められている。したがって相談者はAを被告として，「被告は原告に対し，別紙目録記載の被告の株式について，原告名義に名義書換えをせよ」という訴えを提起するべきである。

　確定判決をY株式会社に提示すれば，通常Y株式会社は株主名簿を書き換えるものと思われるが，応じない場合にはY株式会社を被告として株主名簿を書き換えろという訴えを提起すればよい。

　この場合，請求を認容する判決が確定しない限り，株主名簿の書換えを実現

することはできないが，名義書換えの不当拒絶となるので，相談者は議決権等の株主権を行使できる（最判昭和41年7月28日民集20巻6号1251頁）。

　Aを被告として，Y株式会社の株式につき株主名簿の名義書換請求をする意思表示を求める訴え（以下，「①訴訟」という）とY株式会社を被告として株主名簿を書き換えろという訴え（以下，「②訴訟」という）を共同訴訟として提起した場合，裁判所は両訴を分離し（民事訴訟法152条1項），①訴訟についての認容判決が早期に確定した場合には，それが②訴訟の書証として提出されれば，認容判決となる。①訴訟が長引けば，裁判所は②訴訟を取り下げることを原告に対して促し，応じなければ②訴訟について却下判決が下され，①訴訟のみが続行されることになろう［東京地裁商事研2011b，827頁以下］。

第2節　株式

設例11

株主名簿書換えの不当拒絶

　私は，株券発行会社であり３月決算の公開会社であるＡ株式会社の譲渡制限株式でない株式を１月15日に甲から買い受け，甲から交付された株券を同日Ａ株式会社に示し，株主名簿の書換えを請求しました。同社が株主名簿の名義書換えをしているものと思って，株主名簿の閲覧をしていませんでした。ところが，その後６月に定時株主総会が開催されるはずなのに，株主総会招集通知が届きませんでしたので，同社に確認しましたところ，まだ株主名簿上，甲から私に書き換えられていないことが判明しました。定時株主総会で私が議決権を行使できるようにしてほしいと同社に対して要求していますが，私が同社の経営陣に対して批判的であるためか，基準日である３月31日には甲が株主名簿に株主として記載されていることを理由として，甲に議決権を行使させると言っています。納得できないのですが，どのようにしたらよいでしょうか。

A　　以下，解説に述べるように，甲ではなく，あなたに議決権を行使させる仮処分を申し立てるべきです。

解説

1 ┃ 株主名簿

　株式を取得した者は，その氏名または名称，および住所を株主名簿に記載しなければ，そのことを発行会社に対して対抗できない（会社法130条）。したがって，株式を発行会社以外の者から取得した者は，通常は，会社に対して上記の内容を株主名簿に記載することを請求する（会社法133条１項）。本件では，相談者は株券を提示すれば，単独で請求できる（会社法133条；会社法施行規則22条２項１号）。請求をしたにもかかわらず会社が株主名簿を書き換えない場合には，発行会社を被告として株主名簿書換えを求める訴えを提起することができるが，定時株主総会までに勝訴判決が確定することは，時間的に事実上難し

い。しかし，会社の対応は不当拒絶（会社法976条7号）であり，勝訴判決前でもその株主は株主総会の決議に参加することができる（最判昭和41年7月28日民集20巻6号1251頁）。株主総会の議長は会社の取締役社長，取締役会長が務めると定款で定められていることが多く，会社が上記判例に反して，相談者に議決権を行使させない可能性が高いのであれば，会社を債務者として，甲ではなく相談者に議決権を行使させることを求める仮処分（福岡地判昭和37年5月17日下民13巻5号1010頁）を，株主総会開催以前に申し立てるべきである。

　相談者が上記のような仮処分を申し立てず，会社が甲に決議権を行使させた場合，株主総会決議取消しの訴えを提起することができる（会社法831条1項1号）。

2 ┃ 株主総会検査役

　また，会社を債務者として「相談者に議決権を行使させる仮処分」を申し立てる場合には，総会検査役の選任申請（会社法306条1項・2項）もするべきである。というのは，仮に会社が相談者の議決権行使を認めなかった場合に株主総会決議取消しの訴えを提起する際，総会検査役の報告書（会社法306条5項）が重要な証拠資料となるのみならず，総会検査役が選任されると仮処分に違反した総会運営が事実上なされにくいからである。総会検査役の実務については〔設例43〕を参照されたい。

3 ┃ 実務的な方法

　実務的な方法としては，甲と交渉し，株主総会で甲にあなたの意向に基づいて議決権を行使してもらったり，本来相談者に送付されるべきであるのにもかかわらず甲に送られてきた委任状・議決権行使書に相談者の意向を反映した内容を記載し，会社に対して送付してもらうことも考えられる。ただ，相手方が上記の行為をしながらも，株主総会に出席し，上記書類と違った内容で議決権を行使した場合には，当面その議決権行使は有効であり，株主総会決議取消訴訟を提起する必要があるので，留意されたい。

設例12

単独・少数株主権

単独株主権・少数株主権とは何ですか。具体的にはどのようなものがありますか。

A 　解説を参照してください。

解説

1 ┃ 単独株主権と少数株主権

単独株主権とは，会社に対して株主として有する権利のうち1株の株主でも行使し得る権利をいう。

少数株主権とは，株式会社において，総株主の議決権の一定割合または一定数以上の株式を保有することを要件として株主に認められる権利をいう。

単独株主権・少数株主権は，非上場会社における支配権獲得戦においては外部の株主側が現経営陣を攻撃する際の有効な武器となる。

2 ┃ 単独・少数株主権の内容

単独株主権・少数株主権の内容は，下記のとおりである。なお，公開会社ではない取締役会設置会社・監査役設置会社を前提とする。

［単独株主権の内容］

権利内容	根拠条文（会社法）
株主総会・種類株主総会の議決権	308条1項, 325条
株主総会・種類株主総会の議題提案権	303条, 325条
株主総会・種類株主総会の議案提案権	304条, 325条
説明請求権	314条, 325条
累積投票請求権	342条
株主総会・種類株主総会等の決議の取消訴権	831条
募集株式発行等差止請求権	210条
募集新株予約権発行差止請求権	247条
募集株式発行等・募集新株予約権発行の無効訴権	828条1項2号～4号・2項2号～4号・834条2号～4号
設立・資本金額減少・組織変更・合併・会社分割・株式交換または株式移転・株式交付の無効訴権	828条1項1号・5号～13号・2項1号・5号～13号・834条1号・5号～13号
代表訴訟提起権	847条, 847条の2
取締役の違法行為の差止請求権	360条
特別清算開始申立権	511条1項
取締役会の招集請求権	367条
定款の閲覧等請求権	31条2項・3項
株主名簿の閲覧等請求権	125条2項・3項
株主総会議事録の閲覧等請求権	318条4項
取締役会議事録の閲覧等請求権	371条2項～5項
計算書類の閲覧等請求権	442条3項・4項
吸収合併契約等に関する書面等の閲覧等請求権	782条3項, 794条3項
新設合併契約等に関する書面等の閲覧等請求権	803条3項, 815条4項

第2節　株式

[少数株主権の内容]

※議決権または株式数については，定款で特別の定めをすることが許されるものがある。

議決権または株式数	
権利内容	根拠条文（会社法）
総株主の議決権の１％以上または300個以上の議決権	
株主総会および種類株主総会の議題提案権，議案の要領の通知請求権	303条，305条，325条
総株主の議決権の１％以上の議決権	
総会検査役選任請求権	306条，325条
総株主の議決権の１％以上の議決権または発行済株式（自己株式を除く）の１％以上の株式	
総株主の議決権の３％以上の議決権	
株主総会および種類株主総会の招集請求権	297条，325条
役員等の責任免除に対する異議申述権	426条５項
総株主の議決権の３％以上の議決権または発行済株式（自己株式を除く）の３％以上の株式	
業務執行に関する検査役選任請求権	358条
会計帳簿の閲覧等請求権	433条
役員解任請求訴権，清算人解任請求権	854条，479条２項・３項
総株主の議決権の10％以上の議決権または発行済株式（自己株式を除く）の10％以上の株式	
解散判決請求訴権	833条１項
会社法施行規則197条で定める数の株式	
簡易合併等に対する反対権	796条３項

3 ┃ 定款による単独株主権・少数株主権排除

　定款による排除を認める旨の法律の定め（会社法189条２項，342条１項，847条１項）がない限り，定款等により上記単独株主権・少数株主権を剥奪することは許されない［江頭憲治郎・中村直人編著『論点体系 会社法１／総則，株式会社Ⅰ〔第２版〕』310頁］。

設例13

少数株主の招集にかかる株主総会

　私と私の仲間の所有する株式を合わせると，A株式会社の発行済株式総数のぎりぎり過半数になります。

　現在の取締役による会社経営がうまくいっていないようなので調査しましたところ，現経営陣の親せきが経営する会社とA株式会社が多額の取引をしていることがわかりました。どうも，その取引でA株式会社は損をしているようですので，現在の取締役を解任し，私たちが取締役になろうと思っています。

　定時株主総会はだいぶ先ですが，何か良い方法はありませんか。

A　　会社に対して「現取締役の解任と新取締役の選任」を議題とする株主総会の招集を請求するべきです。その後の対応については，解説をお読みください。

解説

1 ┃ 会社に対する株主総会招集請求

　A株式会社に対して，「現取締役の解任と新取締役の選任」を議題とする株主総会の招集を請求するべきである。なお，定時株主総会の開催時期が迫っていれば，定時株主総会に対する株主提案権（会社法303条）の行使も考えられるが，通常の場合，定款の定めにより会社の現在の代表取締役が株主総会の議長になるので，以下に述べるように相談者にとって不利である。

　総株主の議決権の100分の3以上の議決権を6カ月前から（全株式譲渡制限会社においてはその必要はない）所有する株主は，取締役に対し，株主総会の招集を請求することができる（会社法297条1項・2項）。100分の3という要件は1名の株主で充足する必要はなく，複数の株主が共同で請求することにより要件を充足するのでもよい〔大竹2020，23頁〕。

　なお，上記「100分の3」は，定款でそれを下回る割合を定めた場合にはそ

れに従うが，そのような例はほとんどない。また，特例有限会社（会社法の施行に伴う関係法律の整備等に関する法律3条2項）では，総株主の議決権の10分の1以上を有する株主に招集請求権があり（会社法の施行に伴う関係法律の整備等に関する法律14条1項・5項），特例有限会社以外の株式会社と要件が違うので注意されたい。

　招集の請求にあたって，当該株主は「株主総会の目的である事項」（いわゆる議題）および「招集の理由」を示さなければならない（会社法297条1項）。「議題」とは，たとえば「取締役3名選任の件」が，それに当たる。それに対し，甲，乙，丙を取締役に選任するというのは「議案」である。したがって，たとえば申立人が「取締役A，B，Cの任期満了による後任取締役D，E，F選任の件」と記載している場合には，東京地方裁判所は，その訂正を指導しているようである。すなわち，「取締役A，B，Cの任期満了による後任取締役3名選任の件」に訂正することを求めているようである。

　なお，「株主総会の目的である事項」は，当該株主が議決権を行使できる事項でなければならない（会社法297条1項）。

　招集の請求は，法律上は書面による必要性はないが，実務上，配達証明付内容証明郵便によって行う。これは，招集請求に対して会社が応じない場合に，裁判所に対して株主総会の招集の許可を申し立てる際，会社に対して招集の請求をしたこと，およびその日時を疎明（会社法869条）するのを容易にするためである。

　招集の請求の相手方は取締役で足りるとする説と代表取締役に限るとする説がある。著者は前者に賛成であるが，無用な争いを避けるために実務上は代表取締役を相手方とする方が無難である［大竹2020，25頁］。

　なお，内容証明郵便の場合，相手方は受領を拒否することが可能である。したがって，相手方が受領しない可能性が高いのであれば，内容証明郵便を郵便局で発送し，その際，受け取る控え（郵便局名・日付等が記載されている）を相手方にファックスまたはメールにより送付することも考えられる。

2 ┃ 裁判所に対する株主総会招集許可の申立て

　上記請求をなした株主は，①請求後遅滞なく招集の手続きが行われない場合，あるいは，②請求があった日から8週間以内の日を株主総会の日とする招集通知が発せられない場合には，本店所在地を管轄する地方裁判所（会社法868条1項）に対して株主総会の招集許可の申立てをすることができる（会社法297条4項）。この申立ては，書面によらなければならない（非訟事件手続法43条；会社非訟事件等手続規則1条）。

　①については，手続きの各段階ごとに判断する。すなわち，株主から株主総会招集請求があっても，会社は代表取締役の判断だけで株主総会を招集することはできず，取締役会の招集決議（会社法298条1項・4項）が必要であるところ，その取締役会の招集が遅滞なくなされなければ，その段階で①の要件を充足する［大竹2020，28頁；東京地裁商事研2009，18頁］。

　①のほかに②が定められているのは，会社が遅滞なく招集手続をとったものの，取締役会がはるか将来の日を株主総会の開催日とした場合にも，裁判所が株主に株主総会招集の許可を与えることができる旨を明らかにしたものである［大竹2020，28頁；山口1992，192頁］。なお，②の「8週間」は，定款でそれを下回る期間を定めた場合にはそれに従うが（会社法297条4項2号），そのような定款は少ないようである。

　この請求が裁判所に対してなされた場合，権利の濫用を理由として却下されることがあるものの，それは例外的なものであり，実務では却下されることはほとんどない。なお，現経営陣が議決権の過半数を有しており，株主総会が開催されても決議成立の可能性がないことを理由として，権利濫用になるとした裁判例（神戸地尼崎支決昭和61年7月7日商事1084号48頁）もあるが，裁判所はそこまで関与するべきではないものと思われる（東京地決昭和63年11月2日判時1294号133頁）。

　株主総会招集許可を申し立てる際には，その要件を疎明しなければならない（会社法869条）。裁判所は，職権をもって事実の探知および必要と認める証拠調

べをしなければならないと定められているが（非訟事件手続法49条1項），実際には，裁判所がそこまですることはほとんどない。法律上申立人等の陳述を聴く必要はないが（会社法870条），実務上は事実の調査（非訟事件手続法49条1項）の一環として会社の代表取締役等を呼び出して双方の審尋が行われている［大竹2020，29頁；東京地裁商事研2009，19頁］。

許可決定に対して理由を付す必要はないほか（会社法871条2号，874条4号），会社が不服申立てをすることは許されない（会社法874条4号）。許可決定では，6週間程度の招集期限を定めることが多い［大竹2020，32頁；東京地裁商事研2009，21頁］。

却下決定には，理由を付す必要がある（会社法871条本文）。却下決定に対しては，申立人が即時抗告をすることができる（非訟事件手続法66条2項，67条）。

なお，上記議決権の要件が充足されるものと判断して裁判所が株主総会の招集を許可し，株主が株主総会を招集して決議がなされても，その後，その要件が充足されないとして当該決議の有効性が争われた場合には，次のような問題がある。

つまり，株主総会の招集を許可した決定には既判力がないので，実際には招集許可の要件が充足されていないのにもかかわらず許可され，少数株主が株主総会を開催し決議がなされた場合には，招集権限のない者により招集された株主総会決議となり，原則として不存在（会社法830条1項）と評価される［大竹2020，33頁］。

3 ┃ 少数株主が招集する株主総会

株主総会の招集通知は，裁判所の許可を得た少数株主がなす。また，裁判所の許可を得た少数株主は，基準日（会社法124条）を設定することもできる［東京弁護士会『株主総会ガイドライン〔改訂第二版〕』448頁］。そのために，少数株主は株主名簿を閲覧・謄写することができるほか，基準日現在の株主を最終的に確定した株主名簿の作成を待っていては裁判所の定めた期限までの総会招集が事実上不可能になるような場合には，株主名簿に代わり基準日現在の株主を

確知することができる書類の閲覧・謄写をすることもできるとし，株主名簿のほか，基準日までの名義書換請求書およびこれに対応する株券の閲覧・謄写を求める仮処分申立てが認められている（東京地決昭和63年11月14日判時1296号146頁）［東京地裁商事研2011b，648頁；大竹2020，33頁；東京地裁商事研2009，21頁］。

　大部分の会社の定款では，代表取締役社長等が株主総会の議長を務めることになっているが，少数株主が裁判所の許可を得て招集した株主総会ではその定款の適用はない（広島高岡山支決昭和35年10月31日下民11巻10号2329頁；横浜地決昭和38年7月4日下民14巻7号1313頁）［大竹2020，33頁；東京地裁商事研2009，22頁］。その結果，少数株主側が招集した株主総会では，最初に少数株主側の株主が仮議長となり，その後，決議により正式の議長を選任する［東京弁護士会2015，75頁］。この決議は普通決議である（会社法309条1項）。

　一方の議決権が圧倒的に多数の場合はともかく，そうではない株主総会では，議長になった方が有利なことが多い。すなわち，株主総会の採決の方法は原則として議長が選択できるほか［東京弁護士会2015，265頁］，議長は議案に対する賛成数を充足しているか否かについて宣言すれば足り，賛否の数を明示する必要がないとされる［東京弁護士会2015，266頁］からである。そのほか，株式を譲り受けたが株主名簿の書換えをしていない者を会社は自己のリスクで株主と認めることができるし〔設例37〕，名義株であるかどうかについても事実上会社が判断する。これらの行為は，議長が行う。

　そのように議長の権限が強く，取締役の選任が議題となっている株主総会で少数株主側の者が取締役に選任されたと議長が判断し，その旨の登記がなされた場合には，元の経営陣サイドの株主は決議取消しの訴え（会社法831条）等を提起するほかない。上記訴訟を提起した場合における「取締役の職務執行停止，職務代行者選任」の仮処分については〔設例22〕を参照されたい。

　少数株主から株主総会の招集を請求された場合には，会社が請求に応じて自ら株主総会を招集する場合には，定款の規定に基づき，代表取締役社長等が株主総会の議長になる［大隅2010，143頁］。ところが，会社は少数株主から株主総会の招集を請求される経験が少ないためか，無駄に時間を費やした結果，少

数株主が裁判所の許可を得て株主総会を招集し，株主総会で議長となりイニシアチブをとるケースが多いように思われる。

　少数株主側は，自分サイドで株主総会の議長をとるために，会社が自ら株主総会を招集する余裕を与えないように，会社に対して株主総会招集の請求をなした後，会社法297条４項の要件を充足し次第，裁判所に対して招集の許可を申請するべきである。

4 ┃ 会社の対応策

　会社は代表取締役が議長になるため株主総会を招集するべきである。会社は，裁判所から審尋期日の連絡が来れば，審尋期日以前に株主総会の招集通知を発するか，すぐ発送できる状態にした上で審尋期日に臨むのが望ましい。それは，第１回の審尋期日には裁判所から株主総会を開催するかどうか会社の意向を打診され，会社が招集しないと答えた場合には同日に許可決定が下されることが多いからである［大竹2020，29頁］。

　和解をするという作戦も一法ではあるが，審尋期日に和解手続を進めてもらうことを裁判所に対して要望しても，少数株主の招集にかかる株主総会の審尋期日は通常１回で終わることが多く，間に合わない可能性が高い。そこで審尋期日以前に申立人代理人弁護士にアプローチをして弁護士同士で和解の道を探る等の工夫が必要である。とりわけ，相手方弁護士が上記のように早期に招集許可が下される実務を知らない場合には，審尋期日前に話し合いを進め申立てを取り下げてもらうことができればベストであるが，相手方弁護士がそれに応じないリスクがある。

5 ┃ 会社による違法な株主総会開催に対する少数株主側の対応策

　招集許可決定が下されると，会社は同一の議題について株主総会を招集する権限がなくなる［通説；大竹2020，33頁；東京地裁商事研2009，21頁。江頭2021，327頁］。それにもかかわらず，会社が株主総会を招集して決議しても，その決

議は不存在となる。会社が株主総会の招集を強行しようとした場合には，株主総会開催禁止の仮処分（民事保全法23条 2 項）を申請するべきである。その詳細については，〔設例44〕を参照されたい。

6 | 株式会社の業務および財産の状況を調査する者の選任

会社法297条の規定により招集された株主総会では，その決議により株式会社の業務および財産の状況を調査する者を選任することができる（会社法316条 2 項）。こうしたケースはほとんどないという趣旨の学説〔酒巻2008b，176頁〕があるが，著者の経験では，株主総会で会社解散の決議をし，弁護士と税理士を上記調査を行う者として選任し，元の取締役の責任について調査させた例がある。

7 | 株主総会検査役

実務では，自ら招集する少数株主が株主総会の検査役の選任を裁判所に対して申請し，総会検査役（会社法306条）が選任されることが多い。それは，総会検査役が選任されると混乱が起こらないことが多いほか，決議の瑕疵等を争われた場合の証拠確保のためである。総会検査役については，〔設例43〕を参照されたい。

設例14

株主提案権

　私はA株式会社（取締役会設置会社）の株主です。A社の定款では，取締役の任期は選任後2年以内に終了する事業年度のうち最終のものに関する定時株主総会の終結の時までとなっています。近々開催される定時株主総会では，現在の取締役である甲，乙，丙の3名の任期は満了しません。甲，乙，丙が無能なためここ数年赤字が続いていると考えられますので，全取締役を解任したいと思っていますが，どうすればよいですか。

　　A　　　定時株主総会で現取締役を解任する旨の議題の株主提案をすることが考えられます。

解説

　株主総会においては，決議の対象（議題）として決議することが許されるのは，取締役会で決議し（会社法298条1項2号），株主総会招集通知に記載または記録された事項に限られる（会社法299条2項・4項，309条5項）。

　質問の状況では，現経営陣が現在の取締役を解任することを株主総会の議題とすることを取締役会で決議し（会社法298条1項2号），株主総会招集通知に記載（会社法299条4項）することはほとんど考えられず，今のままでは，今年の定時株主総会で取締役の解任を議題とすることはできない。そこで，相談者とすれば，甲，乙，丙を解任する議題を株主権に基づき提案（会社法303条2項）することが考えられる。

　総株主の議決権の100分の1以上の議決権または300個以上の議決権を有する株主は，一定の事項を株主総会の目的とすることを取締役に対して請求することができる。その請求は，株主総会の日の8週間前までにしなければならない（会社法303条2項）。請求の段階では，定時株主総会の正確な日時が定められていることはないと思われる。たとえば，「6月に開催される予定の第〇回定時総会」という程度の特定で足りるものと思われる。

　相談者の提案を取締役が無視した場合，取締役は100万円以下の過料に処せられる（会社法976条18号の2）だけであり，あまり有効ではないものと思われる。

　そこで，対策として仮処分が考えられる。ただ，問題点は時間である。早い段階で会社が拒絶すれば仮処分を申し立てる時間的余裕があるが，会社がギリギリになって発送した招集通知に解任の議題が記載されていない場合は間に合わず，相談者の提案した議題以外の議題のみが決議されることも想定される。ただ，会社が招集通知を発送する前に仮処分を申し立てると，会社が審尋の過程で裁判所の勧告により債権者の申立てに応じ，相談者の提案した議題について招集通知に記載される可能性が高い。相談者の提案した議題以外の議題のみが決議された場合には，なされた決議について決議取消しの訴えを提起しても棄却となるほか，相談者の提案した議題については決議が存在しないので決議取消しの訴え（会社法831条）は認められず，却下となる（東京高判平成23年9月27日資料版2011年12月号39頁）。

　上記の場合，会社や取締役に対して損害賠償を請求した場合認められる可能性は高いと思われるが，損害額の立証は困難である。

　また，株主の議題提案を無視したことを理由とする取締役の解任も考えられるが，迂遠である。

　それでも取締役の解任をしようとする場合には次の手続きによる。まず，当該取締役を解任する議題を株主総会に上程する必要がある。定時株主総会が近々予定されているのであれば，株主は上記議題について株主提案権（会社法303条1項・2項）を行使する。そうでなければ，株主による株主総会の招集の請求（会社法297条）をする。取締役解任の決議がされれば一件落着であるが，否決されれば取締役解任の訴え（会社法854条）を提起する必要がある。

　現実的な対応とすれば，会社に対して当方の提案した議題について臨時株主総会の招集を請求することであろう（会社法297条）。この場合，会社がそれを無視すれば，裁判所の許可を得て，株主は自ら株主総会を招集できる。相手方の行為をあてにするのではない点が強みであろう。

第3節　株主総会

設例15

取締役選任議案に対する修正動議

　私は，現在，会社の現経営陣との間で支配権を争っています。会社の取締役は５名ですが，近々開催される今度の定時株主総会で３名の任期が満了します。最近到着した株主総会通知には，第１号議案として取締役３名選任の件とされているほか，取締役候補者として任期の満了する従来の取締役である甲，乙，丙３名の氏名が記載されています。当方は，自分サイドの取締役候補者Ａ，Ｂ，Ｃを立てたいと思っていますが，許されますか。

A 許されます。

解説

1 ｜ 議案提案権

　株主総会の決議の対象として，①議題と②議案とがある。①「議題」は会社法上の用語ではなく，「株主総会の目的である事項」（会社法297条１項，298条１項２号，304条，305条１項・３項）がそれに該当する。②「議案」は，会社法304条，305条１項等に規定されている「議案」である。

　取締役会設置会社の株主総会では，取締役会で決議されて（会社法298条１項２号）株主総会招集通知に記載された議題以外の事項について決議することはできない（会社法309条５項）。しかし，同一の議題について会社提案と違う議案を決議の対象とすることは許される（会社法304条）。

　本件の議題は取締役３名選任の件であり，会社が取締役候補者として挙げている者である甲，乙，丙はあくまでも議案に過ぎない。したがって，株主は取締役候補者としてＡ，Ｂ，Ｃを挙げる新しい議案を提出することができる（会社法304条）。会社がこれを無視した場合には，議題提案（会社法303条１項・２項）の無視（会社法976条18の２）と違い，過料の制裁が科されることはない。

2 ┃ 議案の要領の通知

　株主は取締役に対して，株主総会の日の8週間前までに自分の提出する議案の要領を全株主に対して通知することを請求できる（会社法305条1項）。ただ，株主総会の招集通知が発せられるのは株主総会の日にもっと近いので，これでは間に合わないことがある。その場合には，会社に通知してもらうのではなく，株主が自ら連絡する必要がある。

3 ┃ 取締役候補者甲，乙，丙3名選任の件とする議題

　取締役候補者甲，乙，丙3名選任の件とする議題が許されるとする見解がある［河村貢・山上一夫編著『会社法実務ハンドブック』］。この見解によると，上記のような修正動議が許されないことになる。この場合，相談者の陣営が議決権の過半数を握っており，現経営陣が候補者として挙げた甲，乙，丙の取締役選任が否決されても，今回の株主総会ではA，B，Cについて決議をすることができない。その場合，甲，乙，丙は任期の満了により退任した取締役であるので，新たに選任された役員が就任するまで取締役の権利義務を有することとなり（会社法346条1項），不当な結果となる。この場合，相談者とすれば，取締役選任を議題とする少数株主による株主総会招集を請求して（会社法297条1項），その総会によりA，B，Cを取締役に選任するほかない。会社が株主総会を開催しない場合には，裁判所の許可を得て，自ら株主総会を招集する必要がある（会社法297条4項）。このような不当な結果になるので，甲，乙，丙3名選任を議題として明示した株主総会招集通知が発送されたとしても，議題は取締役3名選任の件であり，甲，乙，丙は議案に過ぎないと解するべきである。

設例16

委任状の偽造

　私はＡ社の株主ですが，今年の定時株主総会では，以前と違い会社から送られてきた株主総会招集通知に委任状が同封されていませんでした。その株主総会に欠席しましたが，株主総会で発表された出席株主の人数からしますと，私の名をかたった委任状が株主総会で使われた形跡があります。そのようなことがなされたかどうか，調査する方法はありませんか。

　なお，上記株主総会の議題には計算書類の承認等のほか，取締役選任も入っています。

　もし，私の委任状が偽造され勝手に使われたのであれば，何か対処する方法はありますか。

Ａ　　会社が備え置きしている「代理権を証明する書面」の閲覧謄写の請求をすることができます。

　その結果，あなたの委任状が偽造され勝手に使われたことが明らかになれば，株主総会決議取消しの訴えを提起することができます。

解説

　株主は，株主総会において代理人によって議決権を行使することができる。その場合，株主または代理人は代理権を証明する書面（委任状）を会社に提出しなければならない（会社法310条１項）。

　会社は株主総会の日から３カ月間委任状を本店に備え置かなければならない（会社法310条６項）。株主は会社の営業時間内はいつでも委任状の閲覧または謄写を請求できる（会社法310条７項）。したがって，相談者は，配達証明付内容証明郵便で会社に対して委任状の謄写請求をするべきである。

　会社がそれに応じなければ，委任状の謄写請求を求める仮処分の申立てをすることができる。というのは，株主総会決議取消訴訟は出訴期間が決議の日から３カ月以内であるので（会社法831条１項），委任状の閲覧または謄写につき本訴を提起していたのでは間に合わないからである。

　相談者の委任状用紙が相談者の意向に反して違法に行使されていたのであれば，その株主総会決議には決議取消事由（会社法831条1項1号）が存する。したがって，相談者は株主総会決議取消しの訴えを提起することができる（会社法831条1項1号）。取締役の職務執行停止・職務代行者選任の仮処分を申し立てることが考えられる（民事保全法23条2項）。取締役の職務執行停止・職務代行者選任の仮処分については〔設例22〕を参照されたい。

　委任状の偽造に関与した取締役については損害賠償責任が発生する（会社法429条）。ただ損害額の立証は難しい。

Column③　仲間割れ

　「非上場会社の敵対的M＆A」において，たまに仲間割れが起こる。戦国時代には「調略」による裏切りは多数存在したが，現代もそれ程違いがない。

　仲間割れした側の弁護士は大変困る。たとえば，甲・乙と丙が争っており，Ｘ弁護士が甲・乙両者から依頼を受け，Ｙ弁護士が丙から依頼を受けているとする。乙が甲と仲間割れをし，丙と仲間になったとする。この場合，Ｘ弁護士は甲の依頼を受け乙・丙連合軍と争うことになり，弁護士倫理上面倒な問題が発生する。元々Ｘ弁護士は乙から依頼を受けていたにもかかわらず，その乙が敵方となるからである。なお，丙のみと戦い乙と戦わないということは事実上無理である。

　仲間割れが予想される場合には，最初からX1弁護士が甲を，X2弁護士が乙と，別々に代理しておくことも考えられる。この場合，乙が仲間割れしても，X1弁護士は，一貫して甲が依頼主であるので，乙との関係では利益相反の問題は発生しない。ただ，X1弁護士は乙と共通の利害関係にある甲の代理人として，乙と共に丙と争ってきたので，乙を相手として争うことについては抵抗感がある。

```
設例17
```

株主代表訴訟

株主代表訴訟とはどういう制度ですか。支配権獲得戦ではどのような場合に使われますか。

A　会社が取締役の責任を追及する訴え等を提起しない場合に，株主が会社のために取締役を被告として訴えを提起する制度です。
　　現経営陣の取締役に会社に対する損害賠償責任等があるにもかかわらず，会社が自分の陣営を守るためにそれを追及しない場合に，攻撃側の株主が行うことがあります。

解説

　6カ月前から引き続き株式を所有する株主は，取締役・監査役等の責任を追及する訴えを提起することを，会社に対して書面または電磁的方法により請求することができる。なお，定款により制限しない限り，単元未満株式のみを有する株主も同様である（会社法847条1項，189条2項）。

　会社法は旧商法と違い，いろいろな請求の方法について書面等に限定しなくなったが，これは書面または電磁的方法（会社法施行規則217条）に限定する数少ない例外である。

1 ▌請求の相手方

(1) 取締役の責任を追及するもの

　取締役（取締役であった者を含む）の責任を追及する訴えの請求である場合，上記請求の具体的な相手方は，会社が監査役設置会社（会社法2条9号）であれば監査役である（会社法386条2項1号）。なお，定款の定めにより監査役の監査の範囲が会計に関するものに限定されている場合（会社法389条1項）には，代表取締役である（会社法389条7項，349条4項）。

　株式会社の監査等に関する商法の特例に関する法律1条の2第2項に規定す

る小会社は，監査役の監査の範囲を会計に関するものに限定する旨の定款の定めがあるものとみなされ（会社法の施行に伴う関係法律の整備等に関する法律53条），株主が取締役に対して訴えを提起することを請求する場合には，監査役ではなく代表取締役に対してなす必要があるので注意されたい。

　監査役設置会社でない場合は，上記請求の相手方は代表取締役である（会社法349条4項）。

（2）監査役の責任を追及するもの

　監査役（監査役であった者を含む）を被告とするものについては，監査役の監査の範囲を問わず，上記請求の相手方は代表取締役である（会社法349条4項）〔東京弁護士会2016，478頁〕。代表取締役が株主から監査役の責任を追及する訴えを提起することを請求された場合には，取締役会に付議すべきである。というのは，取締役会設置会社（会社法2条7号）においては，業務執行の決定は取締役会の権限であるが（会社法362条2項1号），取締役会が代表取締役に委任している事項については代表取締役に権限があるものの「重要な業務執行」の決定を委任することは許されない（会社法362条4項）。監査役の責任を追及する訴えを提起することは「重要な業務執行」といえるので，上記委任は許されないと解する。

　株主が，監査役に対して訴えを提起することを請求した場合の監査役の権限については，〔設例60〕を参照されたい。

（3）請求の相手方を間違った場合

　会社側とすると，株主が訴えの提起の請求の相手方を誤った場合の対応が問題となる。農業協同組合の事件であるが，組合員が「監事」を相手方にするべきところ（平成17年改正前農業協同組合法39条2項），「代表理事組合長」にした場合には適式な提訴請求がされたことにならないとして，第1審（前橋地判平成19年4月25日民集63巻3号496頁）・控訴審（東京高判平成19年12月12日民集63巻3号524頁）が代表訴訟を却下したところ，最高裁（最判平成21年3月31日民集63

巻3号472頁）は「農業協同組合の理事に対する代表訴訟を提起しようとする組合員が，農業協同組合の代表者として監事ではなく代表理事を記載した提訴請求書を農業協同組合に対して送付した場合であっても，監事において，上記請求書の記載内容を正確に認識した上で当該理事に対する訴訟を提起すべきか否かを自ら判断する機会があったといえるときには，監事は，農業協同組合の代表者として監事が記載された提訴請求書の送付を受けたのと異ならない状態に置かれたものといえるから，上記組合員が提起した代表訴訟については，代表者として監事が記載された適式な提訴請求書があらかじめ農業協同組合に送付されていたのと同視することができ，これを不適法として却下することはできないというべきである」とした。農業協同組合における代表訴訟の制度と会社法における代表訴訟の制度とは似ているので，この判断は，会社法において請求の相手方を間違えた場合にも，あてはまるものと思われる。

　それを前提にすると，株主の請求に対する会社側の対応としては次の3つが考えられる。すなわち，第1に，適法な提訴請求があったものとして対応することである。第2に，株主に対して誤りを指摘することである。この場合には，株主は直ちに適法な提訴請求に変更することが予想される。第3に，株主の提訴請求等は無視し，株主代表訴訟が提起された後に，適法な提訴請求がなかったことを理由として却下を求めるものである。

　筆者は，第2の対応が適当だと考える。

　というのは，上記最高裁判例を前提にした場合，裁判所が第3の却下の主張を認める可能性が低いからである。そのほか，第1の対応は相手方のミスを看過する形となる点に難点があると思われるからである。それらに対して第2の対応は，ミスを挽回する機会を株主に与えることにはなるが，株主の手続きがいいかげんであることを裁判所に対してアピールできるというメリットがあると考えられるからである。

2 ┃ 代表訴訟の対象となる「取締役の責任」

　代表訴訟の対象となる「取締役の責任」については，①取締役の会社に対する債務とする「全債務説」，②取引上の債務を含む「取引債務包含説」，③会社法423条の損害賠償責任（会社法424条）等の総株主の同意によってのみ免責される会社法上の取締役の責任とする「限定債務説」がある。判例（最判平成21年3月10日民集63巻3号361頁）は，旧商法に関してであるが，取引債務包含説を採用したものと解される。

　支配権獲得戦では，争いが顕在化する以前に現取締役がなした行為により発生した損害についての賠償責任（会社法423条）に関する株主代表訴訟が，よく見られる。たとえば現経営陣が従来より会社から不当な利益を得ていた場合等に行うものである。ただ，これに対する株主代表訴訟では，株主が勝訴しても，判決主文は「被告は○会社に対して金○円及び令和○年○月○日から支払済みまで年5分の割合による金員を支払え」というものになり，取締役の損害賠償金は会社に対して支払われるので，現経営陣が会社支配を続ける限り，被告となり敗訴した取締役自身がそれほど痛みを感じない場合もあり得る。

　しかし，株主が勝訴することにより，現取締役の経営に不満を感じてはいるが，そのような趣旨の発言をすると不利益を被ると思い沈黙を守っていた多数の役員・従業員等が現経営陣に対して不満の声をあげるきっかけになることがある。また，取引金融機関，取引先，株主等が現経営陣に対して不信感を持つことにより，現経営陣の支配権を覆すチャンスとなる可能性もある。

　なお，支配権獲得戦が開始された後現経営陣が自己のグループの者に対してなした株主総会決議がなく有利な価格による第三者割当増資により会社に与えた損害の賠償債務を認めた株主代表訴訟がある（東京地判平成24年3月15日『旬刊商事法務』1963号60頁）。

3 ┃ 訴えの提起

（1）提訴請求と訴え

　会社がその請求の日から60日以内に訴えを提起しない場合には，請求をした株主は会社のために責任追及の訴えを提起することができる（会社法847条3項）。また，当該請求をした株主，責任追及することを請求された取締役・監査役等から請求を受けたときには，会社は当該請求者に対して訴えを提起しない理由を遅滞なく書面等により通知しなければならない（会社法847条4項）。

　上記の60日の経過により会社に回復することができない損害が生じるおそれがある場合には，株主は直ちに訴えを提起することができる（会社法847条5項）。しかし，保全処分と違い，訴えが提起されてから判決までには相当時間がかかる。したがって，60日を待たないで訴えを提起してもそれほど意味がなく，急いで不完全な訴状を提出すると後々困ることが多いので，直ちに訴えを提起することができるという上記の制度が使用されることは，ほとんどないものと思われる。なお，例外的に直ちに訴えを提起する必要がある場合としては，取締役の責任が時効（民法166条1項）による消滅が迫っている場合が考えられる［江頭2021，519頁］。

　代表訴訟に限らず，著者が訴えの提起の依頼を受けた際に，依頼者が訴えの提起の時期を急ぎ過ぎると感じることがときどきある。事実関係の調査，証拠収集，判例・学説の調査が不足しているのにもかかわらず，依頼者が訴えの提起を1日単位，1週間単位で急ぐことがある。保全処分であれば，通常の場合，申立て後に裁判所が早期に判断を下すので，急いで申し立てるメリットは大きい。それに反して，訴えを提起しても第1回口頭弁論期日は1カ月程度先であることが多く（民事訴訟法139条，民事訴訟規則60条），その後もおおよそ1カ月に一度のペースで口頭弁論期日が開かれる。また，証人尋問の段階になれば次回期日まで数カ月かかるのが通常であるので，1週間や2週間早く訴えを提起しても大勢に影響がない。それよりも正しい方針を定め，論理的で内容の充実

した訴状を裁判所に提出することが大切である。そのため，訴状の作成に一定程度時間がかかるのは無理もないことだと思われる。訴状は訴訟において大変重要であり，ベテラン裁判官の中には，「訴状を見れば，判決の結果が相当程度予想できる」と言う者もいるほどである。

（2）株主代表訴訟における証拠収集の特殊性

　株主代表訴訟の特徴は，原告である株主にとって訴訟に使用する資料が充分ではないこと，会社も原告に非協力的なことが多いこと等である。

　会社がその取締役の責任を積極的に追及するつもりがあれば，通常，株主の請求を待つまでもなくその取締役を被告として訴えを提起するはずであるし，株主から請求があって初めて取締役等の責任に気づいたとすれば，会社自ら訴えを提起するはずである。しかし，それをしない結果株主代表訴訟になるのであるから，株主代表訴訟においては，会社は被告である取締役等の味方であると株主は考えた方が無難である。その典型例は，会社の取締役等に対する訴訟への参加（会社法849条）である。

　まして，株主代表訴訟で，会社の役員や従業員等が被告である取締役等に不利な情報を原告である株主に提供すれば，情報提供者の会社における将来を失う可能性が高いので，それはほとんど期待できない。

　そのほか，株主代表訴訟の証拠収集においては，他の訴訟とは違った要素がある。すなわち，代表訴訟以外の訴訟においても，訴えの提起以前にできるだけ多くの証拠を収集しておく必要がある点に違いはないが，株主代表訴訟においては，原告による担保の提供という制度があるので，その要請が一層強い。

　すなわち，原告である株主の訴えの提起が悪意によるものであることを被告である取締役等が疎明すると，原告は，担保を提供することを裁判所から命じられる（会社法847条の4第7項・8項）。その場合，裁判所は，担保の額および担保を立てるべき期間を定める（民事訴訟法81条，75条5項）。原告がこれに応じない場合は，裁判所は口頭弁論を経ないで訴えを却下することができる（民事訴訟法81条，78条）。

第4節 取締役

　裁判例（東京高決平成7年2月20日判タ895号252頁）は，担保提供を命じるメルクマールとして，①原告の請求に理由がなく，そのことを知って原告が訴えを提起した場合（不当訴訟要件）と，②不当な目的をもって訴えを提起した場合（不法不当目的要件）を挙げる。

　まず，（イ）原告の主張自体が失当である，（ロ）立証の見込みが極めて少ない，（ハ）被告の抗弁が成立して請求が棄却される蓋然性が高いことを認識しながら訴えを提起した場合には，①と推認される。また，原告が株主代表訴訟の制度趣旨を逸脱し，不当な目的をもって被告を害することを知りながら訴えを提起した場合は②だとしている。

　したがって，訴えの提起時に入手している証拠が不充分な場合には，実質的な審理に入る前に担保提供命令が下される可能性が高い。その場合，株主代表訴訟を継続することは事実上難しくなるので，そのような事態にならないために，原告は訴えの提起以前に可能な限り証拠を収集する必要がある。

　証拠の収集については〔設例1〕から〔設例8〕を，和解については〔設例62〕を参照されたい。

（3）参　　加

　株主または会社は，共同訴訟人として，または当事者の一方を補助するために，訴訟に参加することができる。ただし，不当に訴訟手続を遅延させることとなるときは，参加することができない（会社法849条1項）。

（4）株主代表訴訟における強制執行

　株主代表訴訟で株主が勝訴し，仮執行宣言付判決が下されたり確定した場合には，会社のほか勝訴した株主も強制執行を申し立てることができる。ただし株主が申し立てた場合にも，配当は会社に対してなされる［東京地裁商事研2011a，311頁〕。

4 ┃ 役員の弁護士選任に関する対応

　役員が責任追及の訴えを提起された場合には，法律上は本人訴訟も可能だが，実際には弁護士に依頼することが多い。この場合，会社の顧問弁護士に依頼することは不適当である。ちなみに，日本弁護士連合会の制定した日本弁護士連合会弁護士倫理委員会編著『解説　弁護士職務基本規程〔第3版〕』には，弁護士職務基本規定28条に関して「会社が取締役側に補助参加することが認められたとしても，特別の事情がない限り利益相反の問題が解消されるわけではなく，株主代表訴訟において会社の顧問弁護士が被告取締役の代理人となることは許されないと解するべきである。会社に補助参加する途が開けた以上，会社の顧問弁護士は，会社の代理人となるべきであって，取締役の代理人となるべきではないのである」と記載されている。

　そのほか，会社の顧問弁護士と監査役であった者が，株主代表訴訟の被告である取締役の代理人として訴訟活動をしたことを理由として弁護士会から戒告処分を受けている事例がある［『自由と正義』2012年4月号，129頁］。

　次に，複数の役員が被告になった場合共通の弁護士を選任することが適当かどうかという問題がある。全員の利害関係がほぼ同一であれば，弁護士費用節約のために役立つほか，主張が一貫するために役立つこともあり，問題はないものと考えられる。ただ，各被告の利害が違ってくると弁護士としては利益相反（弁護士職務基本規程28条3号）になる。審理の途中で弁護士を新たに選任することは，当事者としてもやりにくいほか，裁判所に対する印象もよくない可能性があるので，最初によく検討しておくべきである。

第4節　取締役

設例18

取締役の解任

取締役の解任の要件はどのようなものでしょうか。取締役の解任の手続きはどのようなものですか。

A　　取締役の解任は株主総会決議によります。解任決議は，旧商法では特別決議でしたが，会社法でそれよりも緩和された決議になりました。その緩和による影響については解説を参照してください。

解説 ··

1 ▌取締役の解任

　取締役は，株主総会の決議によって原則としていつでも解任することができる（会社法339条1項）。取締役を解任する株主総会の決議は，議決権を行使することができる株主の議決権の過半数（3分の1以上の割合を定款で定めた場合は，その割合以上）を有する株主が出席し，出席した株主の議決権の過半数（これを上回る割合を定款で定めた場合は，その割合以上）をもって行わなければならない（会社法341条）。実際には，定足数を「3分の1以上」と定款で定めている会社が多い。

2 ▌旧商法との違い

（1）株主の会社経営に対する口出し

　旧商法下では，取締役を解任するには，株主総会の特別決議が必要であった（旧商法257条，343条）ので，会社法の施行により，株主と取締役との間の力関係が大きく変わった。

　すなわち，旧商法下では，会社の株主は自己の所有する株式が発行済株式の過半数は超えているが3分の2に満たない場合には，自分の意にかなう取締役

を選任することはできても，現取締役を解任することはできない。したがって，株主と取締役が対立した場合，取締役の任期が満了するまでは株主が取締役の会社経営に口出しすることが難しかった。

　ところが，会社法の施行に伴い，発行済株式の過半数を有する株主は，いつでも取締役を解任できる強大な力を有することになった。

（2）防　衛　策

　そのほか，会社法の施行により会社防衛策にも影響が出てきた。

　旧商法下では，現取締役に批判的な側が株式の過半数を取得した場合に備え，現取締役は定款により取締役の定員（少なくとも上限）を定めるほか，取締役の任期が2年の場合は現取締役の半数ずつ就任時期をずらしたりして，一挙に現取締役が一掃されないようにすることがあった。しかし，会社法下では上記（1）のように解任の要件が緩和されたので，これらの防衛策は意味がなくなった。ちなみに，定款で解任の決議要件を株式の過半数より厳しくしている会社は少ないが，そのようにしておけば，上記の防衛策はそれなりに有効である。

3 ▎損害の賠償

　株主総会において解任の決議があれば，正当な理由がなくても解任は有効である。ただ，取締役を解任された者は，その解任に正当な理由がなければ，解任によって生じた損害の賠償を会社に対して請求できる（会社法339条2項）。

　「正当な理由」とは，心身の故障（最判昭和57年1月21日判時1037号129頁），取締役の職務遂行が法令・定款に違反すること（東京地判平成26年12月18日判時2253号64頁），能力が著しく欠如すること（東京高判昭和58年4月28日判時1081号130頁［監査役の解任］）等である。

　損害とは，任期が満了するまでの間の報酬とされることが多い（神戸地判昭和54年7月27日判時1013号125頁；大阪高判昭和56年1月30日下民32巻1＝4号17頁；東京地判昭和57年12月23日金判683号43頁）。

4 ┃ 不解任の特約

　なお，取締役に就任しようとする者が，大株主との間で不解任の契約を結んだにもかかわらず，株主総会決議で取締役を解任する議題に大株主が賛成し解任された場合には，大株主に債務不履行を理由として損害賠償支払義務が発生し得るが，原則として解任自体は有効であると解される〔江頭2021，413頁（5），351頁〕。ただ，合弁契約のように株主全員が不解任の特約の当事者である場合には，拘束力があると解する余地がある〔江頭2021，413頁，352頁〕。もちろん，解任の株主総会決議に不存在事由がある場合（会社法830条1項），決議取消事由があり取り消された場合（会社法831条）は無効である。

　なお，上記契約に多額の違約金をうたうことができれば，取締役は，事実上相当程度，目的を達成することが可能であると考えられる。ただ，日本の風土では多額の違約金を契約で定めることに対しては抵抗感が強く，実務上なかなか難しい。

5 ┃ 株主総会決議

　現経営陣側が取締役を解任するためには，解任決議を定時株主総会の議題とするか，それを議題とする臨時株主総会を招集すればよい。しかし，現経営陣以外の者が取締役の解任を望めば，会社の招集する株主総会で株主提案権（会社法303条）を行使するか，少数株主の株主総会招集請求権（会社法297条）を行使するしかない。株主提案権については，〔設例14〕を参照されたい。少数株主の株主総会招集請求権については，〔設例13〕を参照されたい。

6 ┃ 累積投票により選任された取締役の解任

　累積投票（会社法342条）により選任された取締役の解任は，特別決議（会社法309条2項7号）による。しかし，大部分の会社では，定款で累積投票制度が排除されているので，そのような事態はほとんど生じない。

設例19

取締役・監査役の辞任

1　私は取締役です。今，他社から攻撃を受けており，取締役の過半数は敵方の陣営の者です。私は，取締役会には原則として出席していますが，毎回敵方の陣営の取締役から嫌がらせを言われて苦痛です。取締役を辞任しようと思いますが，いかがでしょうか。
2　私は，会社の監査役をしています。上記1と同様の立場です。

A　いずれも辞任してはいけません。

解説

1 ┃ 辞任してはいけない理由

　相談者が取締役である場合，敵方の陣営の取締役が過半数を占めており，相談者に有利な決議ができないとしても，取締役会に出席することにより会社の内部情報が得られるので取締役を辞任すべきではない。

　これは，相談者が監査役である場合には，より一層言えることである。というのは，監査役は，取締役会に出席することにより会社の内部情報が得られるほか，取締役等の職務の執行の監査をしたり，取締役等に対して報告を求めたり（会社法381条1項・2項），違法な行為をしたり，また，するおそれがある取締役に対して行為をやめることを請求したり（会社法385条）することができるばかりではなく，いわゆる独任制の機関なので，複数の監査役がいても各自が単独で権限を行使できるからである。これは，監査役会設置会社（会社法2条10号）においても同様である。監査役の重要性については〔設例60〕を参照されたい。

　ただ，作戦として取締役等を辞任する場合や，紛争の終結のために取締役等を辞任する場合もあり得る。

第4節　取締役

2 ┃ 辞任の手続

　取締役・監査役と会社の関係は，委任に関する規定に従う（会社法330条）。したがって，取締役・監査役はいつでも辞任することができる（民法651条）。会社に対して辞任の意思表示をする場合は，原則として代表取締役に対してなし，それが到達したときに辞任の効力が発生し，会社の承諾は不要である（民法540条1項，97条1項；昭和54年12月8日民事4第6104号民事局第4課長回答）。

　取締役会設置会社の唯一の代表取締役が辞任する場合に，自分以外に代表取締役がいないときには，取締役会を招集し取締役会に対して辞任の意思表示をなす必要がある（東京高判昭和59年11月13日判時1138号147頁）。

　ただ，会社にとって不利な時期に辞任した場合には，取締役・監査役は会社に対して損害を賠償しなければならないが，やむを得ない場合には損害を賠償する必要はない（民法651条2項）。

　また，辞任の結果，欠員が生じる場合には，新たに選任された取締役・監査役が就任するまで，辞任した取締役・監査役は取締役・監査役としての権利義務を有する（会社法346条1項，329条1項）。したがって，元取締役が会社を被告として辞任による退任登記手続請求の訴えを提起し勝訴判決が確定しても，辞任の結果欠員が生じる場合には，登記官に対する変更手続の申請は却下される（最判昭和43年12月24日民集22巻13号3334頁）。この場合，裁判所は必要があると認めるときは，一時取締役の職務を行うべき者（一時取締役）・一時監査役の職務を行うべき者（一時監査役）を選任することができる（会社法346条2項）。前者を仮取締役ともいう（東京地裁商事研2011b，558頁）。一時取締役については〔設例55〕を参照されたい。

3 ┃ 辞任の意思表示と登記

　実務上時々見られるのは，取締役が辞任の意思表示をしても，会社がその旨の登記をしないことである。

　本来，取締役は会社の債務について責任を負わないのが原則である。しかし，

会社が倒産などして同社の債務を履行しない場合，取締役に悪意または重大な過失があるとして会社の債務と同額の損害賠償を債権者から請求されることが，ままある（会社法429条；最判昭和44年11月26日民集23巻11号2150頁；最判昭和55年3月18日判時971号101頁）。

取締役の氏名は登記事項であり（会社法911条3項13号），取締役の変更があれば，2週間以内に本店の所在地で変更登記をしなければならない（会社法915条1項）。しかし，辞任した取締役が取締役として登記されたままであると，その登記を信用した会社の債権者から辞任後の債務につき賠償責任（会社法429条）を追及される危険性がある。

辞任登記のされていない元取締役について，辞任後も積極的に取締役としての行為をしたか，不実の登記をすることについて明示的な承諾を与えていた場合に限ってではあるが，会社から債権を回収できない債権者に対して損害賠償を支払う必要があるとする判例（最判昭和62年4月16日判時1248号127頁）［江頭2021，538頁］がある。また，少し局面は違うが，株主総会による取締役選任決議がないにもかかわらず取締役として登記されている者について，会社法908条2項の類推適用により会社業務に関与していなくても責任を認められている判例（最判昭和47年6月15日民集26巻5号984頁）がある。

そこで，取締役が辞任をしたにもかかわらず会社がその登記をしない場合には，当該取締役は会社に対して変更の登記を請求する必要がある。口頭で請求しても，会社がそれに応じなければ，配達証明付内容証明郵便で請求するべきである。会社がそれでも応じなければ，会社を被告として変更の登記をすることを求める訴えを提起するべきである（最判平成7年2月21日民集49巻2号231頁；東京高判昭和30年2月28日判時49号15頁；千葉地判昭和59年8月31日判時1131号144頁）［東京地裁商事研2011a，74頁］。

勝訴した判決が確定しても，会社が登記しなければ，取締役が確定判決に基づき会社の代理人として登記をすることができる（昭和30年6月15日民事甲第1249号民事局長回答）［東京地裁商事研2011a，78頁］。これについては，〔設例23〕を参照されたい。

役員解任の訴え

　私は会社の株主ですが，代表取締役社長が背任行為をしているようですので，取締役を解任したいと思っています。しかし，社長派は過半数の株式を所有していますので，株主総会で解任決議を成立させることは事実上無理だと思われますが，何か良い方法はないでしょうか。

A　　取締役解任の訴えを提起することが考えられます。

解説

1 ┃ 取締役解任の訴え

　役員の職務執行に関して不正の行為または法令・定款に違反する重大な事実があったにもかかわらず，当該役員を解任する旨の議案が株主総会で否決されたとき，または役員の解任について種類株主総会の決議が必要である旨の定款があるところ（会社法323条），その決議がないため当該役員を解任する旨の株主総会決議の効力が生じないときは，①総株主の議決権の100分の３以上の議決権を有する株主と，②発行済株式の100分の３以上の株式を有する株主は，当該株主総会の日から30日以内に訴えをもって当該役員の解任を請求することができる（会社法854条１項・２項）。

　訴えの提起期間は，株主総会開催の日から30日以内と大変短い。当該役員を解任する旨の議案が株主総会で否決されることや会社法323条の規定により当該役員を解任する旨の株主総会決議の効力が生じないことは，株主総会以前より予想されることが多いので，訴えを提起するつもりであれば，株主総会期日以前から弁護士と相談し準備をしておくべきである。

　被告は，会社および解任請求の対象となる役員である（会社法855条）。固有必要的共同訴訟であるので，一方のみを被告として訴えを提起すると不適法と

して却下される（最判平成10年3月27日民集52巻2号661頁）。

　管轄は，会社の本店の所在地を管轄する地方裁判所の専属管轄である（会社法856条）。

　役員解任の訴えを提起するためには，当該役員を解任する旨の議案が株主総会で否決されることが要件であるので，株主が会社の取締役の過半数を掌握しておらず取締役会で株主総会招集の決議をすることができない場合には，株主提案権（会社法303条）または少数株主の総会招集権（会社法297条）を行使し，解任議案を株主総会に付議する必要がある［東京地裁商事研2011a，14頁］。

　しかし，定足数に足りず株主総会が流会になったとしても，役員解任の訴えを提起できる。反対の趣旨の判例（東京地判昭和35年3月18日下民11巻3号555頁）も存するが，そう解さないと，多数派が株主総会に欠席することにより訴えの提起を妨害することができることになるからである［東京地裁商事研2011a，12頁］。

2 ┃ 多数派に対する少数派の攻撃方法

　役員解任の訴えの制度は，支配権獲得戦において，多数派に対する少数派の攻撃方法として使われることが多い。すなわち，過半数の株式を有する多数派にとっては，株主総会で少数派の役員を解任することは容易であり（会社法339条1項，341条），わざわざ役員解任の訴えを提起する必要がないからである。なお，株主総会決議による解任について正当な理由がなければ会社はその取締役に対して損害賠償の義務を負うが，解任自体は有効である（会社法339条）。

　しかし，役員解任の訴えの制度は，以下に述べるように，少数派にとってそれほど有効な武器とはいえない。

　それは，解任の効果が生じる時期が遅すぎるので，間に合わないことが多いからである。すなわち，役員解任の訴えは形成訴訟であり，解任判決の確定により取締役の解任の効果が生じる。

　日本の裁判の現状では，相手方が本格的に争えば第1審判決までに早くとも1年程度はかかる。少数株主が第1審判決で勝訴しても，役員解任の訴えにつ

いて仮執行（民事訴訟法259条）はほとんど付かず，控訴審でも同様である。仮
執行が付くのであれば取締役の任期満了までに解任の効果が発生する可能性も
ないとはいえないが，仮執行が付かなければ，１年ないし２年の通常の任期
（会社法332条）の場合は，任期満了までに解任とはならない。

　そのため，少数株主が訴訟で勝訴し続けたとしても，会社または役員が上訴
する限り，少数株主の勝訴判決は確定せず，解任の効力が発生しない。それま
での間に役員の任期が満了すれば，訴えの利益はなくなる（東京地判昭和31年
４月13日判タ59号92頁）。そして，その役員が再任されても同様である（神戸地
判昭和51年６月18日判時843号107頁：大阪高判昭和53年４月11日判時905号113頁）。
したがって，裁判のみで最終的に目的を達成することは，事実上難しい。

　その他，少数株主が取締役解任の訴えで勝訴しても，解任された者がその後
の株主総会で再び取締役に選任された場合，解任された者を取締役候補者とす
ることに賛成した取締役の責任の問題（会社法330条：民法644条）はともかく，
その選任自体は有効である。

　以上のことから，解任の対象とする取締役のグループに株主総会の議決権の
過半数を握られている限り，限界がある。ただ，一定の限度では役に立つこと
もある。すなわち，訴えを提起するに際して記者会見をすることや，確定して
いない段階であっても解任を認める判決が下されることによって，世論を味方
にできることもあり得るからである。

　旧商法下での著者の経験では，会社の株式の約10％を有する株主の依頼によ
り，業務および財産の状況に関する検査役選任申立事件（旧商法294条）の代理
人をしていたところ，東京地方裁判所商事部の裁判官より強く和解を勧められ
た。その際，依頼者に和解の意向がないことを裁判官に対して述べると，裁判
官より「少数株主であれば，どう頑張っても限界がある」と言われ，その１つ
として解任の訴えが無力であることを強調されたことが印象深い。

3 ┃ 役員の職務執行停止と職務代行者の選任申立て

　そこで，仮処分により，役員の職務執行停止と職務代行者の選任を申し立てることが効果的である（民事保全法23条2項）。これについては，〔設例22〕を参照されたい。

　その際，役員解任の訴えを提起すると同時に，またはそれ以前に，上記仮処分を申し立てることが考えられる。仮にその段階で仮処分が認容されなくても，役員解任の訴えについて原告が第1審で勝訴し被告が控訴したときに，再度上記仮処分を申し立てるのは有効な手段であろう。その場合には，第1審の勝訴判決が有力な疎明方法となるものと思われる。

　なお，仮処分には本訴と違い既判力がない［瀬木2020，300頁］ので，仮に前の仮処分の申立てが却下されていても，再度の申立てがそれを理由として却下されることはない。既判力とは，裁判が確定した場合に，その内容に当事者も裁判所も訴訟手続上拘束されることである。

　実務上，仮処分申立てが却下されることはほとんどなく，「却下相当」と裁判所が考えると，申立人に対して取下げを勧告することが多い。この場合には，申立人が即時抗告（民事保全法19条1項）をするつもりであれば仮処分の申立てを取り下げず，下された却下決定に対して即時抗告をする。即時抗告をするつもりがなければ，裁判所の勧告に応じ仮処分の申立てを取り下げることが多い。

　役員解任の訴えで株主の勝訴判決が確定すれば，裁判所書記官は会社の本店所在地を管轄する登記所にその旨の登記を嘱託する（会社法937条1項1号ヌ）。

第4節　取締役

設例21

取締役に対する違法行為の差止請求権

　私（Ｘ）は監査役設置会社Ａ社の株主です。同社の代表者である甲は，「自己の有するＡ社の株式」を現金化するために，Ａ社の株主総会の決議をせずに自己株の取得をしようとしているのでそれをストップしたいのですが，どうしたらよいでしょうか。

A　　甲を債務者として自己株取得の手続を差し止める仮処分を申し立てるべきです。

解説

　自己株式を取得するには，原則として株主総会決議が必要である（会社法156条）。この決議をしないで自己株式を取得することは法令に違反する。したがって相談者は甲に対して，それをやめることを請求できる。ただ，本訴を提起しても間に合わないので，甲を債務者として仮処分を申し立てるべきである（民事保全法23条2項）。

　仮処分の債権者は株主であるＸ，債務者は甲である。

　差止めの仮処分は，自己株式の取得がなされる前に申し立てる必要がある。自己株式の取得がなされてしまうと，仮処分ではなく訴えの提起が必要となる。

　仮処分には，「被保全権利」と「保全の必要性」が必要である（民事保全法13条）。

　被保全権利は，「取締役が株式会社の目的の範囲外の行為その他法令若しくは定款に違反する行為をし，又はこれらの行為をするおそれがある場合において，当該行為によって当該株式会社に回復することができない損害が生ずるおそれがあるときに当該取締役に対して当該行為をやめることを請求する権利」である（会社法360条）。

　本案訴訟の判決確定までに自己株式取得行為がなされると，差止め請求は無駄となるので，「被保全権利」の疎明があれば，「保全の必要性」の疎明があっ

たと言える［東京地裁商事研2011b，914頁］。

　仮処分決定が下されたにもかかわらず，債務者が当該行為をなした場合，行為の効力には影響しないとする立場［江頭2021，527頁］（東京高判昭和62年12月23日判タ685号253頁）と，会社は悪意の取引先に対して無効を主張できるとする見解［落合2009，144頁］とが存する。

Column④　内部の敵と味方

　「非上場会社の敵対的M&A」では，敵と味方の区別が難しいことがある。たとえば，会社の専務が社長を解任するために味方になってくれる取締役を求める場合，中間派も味方につける必要があることがある。この場合，味方になってくれると思って特定の取締役に声をかけたところ，その取締役が社長に告げ口をして専務の企てが露見し，解任のもくろみがつぶされる可能性がある。そこで誰に声をかけるべきか苦労することがある。このような場合，状況は流動的で誰が味方になりそうなのかを判断するのは大変難しい。

　これは，声をかけられた方についても同様である。同専務についた方がよいのか，社長についた方がよいのかの判断を間違うと自分の会社での将来がなくなる。

　また，中立を目指す選択もある。ある程度規模が大きな会社になると，サラリーマンはどちらが勝っても構わず中立の立場をとりたいと考える場合があり，どちらにもつかないことが1つの選択肢である。ただ，管理職レベルになると，状況上そうもいかないことがあり，困惑することもあるようである。

> ### 設例22
> ## 取締役の職務執行停止と職務代行者の選任
>
> 　非上場会社における支配権獲得戦において「取締役の職務執行停止と職務代行者の選任」が申し立てられることがあると聞きましたが，裁判所がその申立てを認容することは多いのでしょうか。また，「取締役の職務執行停止と職務代行者の選任」の実務について教えてください。
> 　「取締役」ではなく，「代表取締役」について，職務執行停止と職務代行者選任は考えられますか。

A　「取締役の職務執行停止と職務代行者選任」について申立てが認容されることは，それほど多くありません。
　　「取締役の職務執行停止と職務代行者選任」の実務については，解説を参照してください。

解説

1 ┃ 仮処分の申立て

（1）仮処分の保全の必要性

　取締役を選任する株主総会決議に対する，決議不存在確認の訴え（会社法830条1項），決議無効確認の訴え（会社法830条2項），決議取消しの訴え（会社法831条），取締役解任の訴え（会社法854条）が提起されても，勝訴判決が確定しない限り，取締役は依然として取締役としての権限を行使できる。

　そこで，判決確定前にその取締役の権限を奪うために，当該取締役の職務執行を停止するとともに，職務代行者を選任する仮処分（民事保全法23条2項）を申し立てることがある。

（2）仮処分の債務者

　この仮処分の債務者は，会社と職務執行を停止される取締役とするのが実務

である［東京地裁商事研2011b，879頁］。なお，取締役は，取締役解任の訴え（会社法854条）について被告となるが，株主総会決議の不存在確認の訴え（会社法830条1項），決議無効確認の訴え（会社法830条2項），決議取消しの訴え（会社法831条）については被告とならない。

（3）仮処分の被保全権利と債権者

本案の原告と仮処分の債権者について，以下検討する。

取締役選任決議に対する不存在確認の訴え，無効確認の訴え（会社法830条），取消しの訴え（会社法831条）の原告は，株主，取締役，清算人，監査役等であるので，それらが上記訴えを本案とする仮処分の債権者である。

取締役解任の訴え（会社法854条）の原告は，総株主の議決権の100分の3以上の議決権を有する者，または発行済株式の100分の3以上を有する株主であるので，それらが仮処分の債権者である。なお，取締役解任の訴えを提起するためには取締役解任の議案が株主総会で否決されることが必要であるので，株主総会で否決されるまでは被保全権利がないとして仮処分を申請できないとする裁判例（東京高決昭和60年1月25日判タ554号188頁）がある。これについては，仮処分を申請できるという説と株主総会の招集請求等をするまでは申請できないとする説があるが，確定した考え方はないので，その点留意する必要がある［東京地裁商事研2011b，875頁］。

2 ┃ 仮処分の手続

（1）審尋手続

上記仮処分は，仮の地位を定める仮処分であるので，原則として債務者が立ち会うことのできる審尋がなされる（民事保全法23条4項）。民事保全法23条4項但書によれば，その期日を経ることにより仮処分命令の目的を達成することができない事情があるときはこの限りではないとされている。しかし，実務においては，相手方である会社および取締役の審尋をすることなく発令をするこ

とはまずないとのことである［東京地裁商事研2011b，874頁］。また，この仮処分が会社および職務執行を停止される取締役に及ぼす影響は大きいので，仮処分が発令されるためには，被保全権利および保全の必要性について相当しっかりした主張および疎明が必要である［東京地裁商事研2011b，873頁］。なお，東京地方裁判所商事部でも仮処分の利用度は高いが，発令率は相当低いとのことである［門口2001，237頁；東京地裁商事研2011b，874頁］。

（2）保 証 金

保証金が必要である（民事保全法14条1項）。担保の額は，事案の内容等を総合考慮して決定されるが，「会社のための担保」と「職務執行を停止される取締役のための担保」が必要である。個別担保が原則であるが，共同担保とされる場合がある［東京地裁商事研2011b，882頁］。個別担保とは，「会社のための担保」は○円，「職務執行を停止される取締役のための担保」は○円と個別に定めるものであり，共同担保とは個別に定めず，「会社のための担保」，「職務執行を停止される取締役のための担保」について合計○円と定めるものである。

（3）職務代行者の選任

裁判所が取締役の職務執行停止と職務代行者の選任をすることを決めた場合には，職務代行者の候補者に就任する意思があるかどうかを打診し，事実上の承諾を得た上で，職務執行停止と職務代行者の選任を同時になすのが，東京地方裁判所商事部の扱いである。職務代行者となるものについては，東京地方裁判所商事部では債権者からの推薦を受けておらず，大部分の場合，利害関係のない弁護士が選任される［東京地裁商事研2011b，883頁］。

裁判所は，職務代行者を選任する場合には，債権者に対して担保決定と同時に職務代行者の報酬額の予納を命じる。会社の規模，職務代行者の職務の内容，職務執行を停止される取締役の報酬額等を考慮して，職務代行者の1カ月の報酬額を定め，その6カ月分相当額程度の予納を求めている［東京地裁商事研2011b，882頁］。

　取締役の職務代行者の報酬は会社が負担するべきであるが，会社の資金が不足して支払えない場合は裁判所が予納金から支払い，債権者に対して費用の追加予納を命じる［東京地裁商事研2011b，884頁］。

　取締役の職務執行停止がなされ，職務代行者が選任されるとその旨の登記が裁判所書記官の嘱託によりなされる（会社法917条；民事保全法56条）。

（4）取締役の職務代行者の権限

　職務代行者は，仮処分命令に別段の定めがない限り，株式会社の常務に属しない行為をするには裁判所の許可が必要であり，それに違反した場合にはその行為は無効である。ただし，株式会社はその無効を善意の第三者に対しては対抗できない（会社法352条）。株式会社の常務とは，会社事業の通常の経過に伴う業務であり，新株発行，事業譲渡，定款変更，取締役解任を目的とする臨時株主総会の招集は，常務に属しない。

　職務代行者は，本案訴訟（最判昭和59年9月28日民集38巻9号1121頁）・保全審議で会社を代表する。職務執行を停止された取締役は共同訴訟的補助参加をなす。職務執行を停止された取締役の弁護士費用は取締役個人の負担となるほか，証拠から遠くなるので訴訟について不利になる可能性が高い。

3 ｜ 再任取締役の選任決議を争う場合

（1）　争われている選任決議が取締役が再任決議の場合には，次のような問題がある。すなわち，選任決議に瑕疵があった結果役員の員数不足となる場合には，新たに選任された取締役が就任するまで取締役としての権利義務を有する（会社法346条1項）。その場合に，職務代行者の選任をする必要があるかどうかについて，説が分かれる。

（2）　仮処分により本案訴訟が認容された以上の結果を仮処分によって与えることは，原則として許されない。

（3）　本案訴訟が株主総会における取締役の選任決議の取消しだとした場合，原告勝訴の判決が確定すれば，争いとなっている取締役はさかのぼって

取締役ではなくなり（会社法839条），任期の満了により取締役権利義務者（会社法346条1項）となる。それにもかかわらず，職執行停止・代行者選任を認めるのは上記（2）の原則に反するとするのが，「保全の必要性不存在説」である。

（4）「選任された取締役としての職務執行」と「取締役権利義務者としての職務執行」とは，その法的根拠が違うので，上記（3）のようには考えず，再任取締役であることだけで仮処分申立てを却下するのではなく，「一時取締役」（会社法346条2項），「一時代表取締役」（会社法351条2項）に選任することの必要性を含め，「保全の必要性」を総合的に判断するべきだと考えるのが，「保全の必要性総合判断説」である（東京地裁商事研2011b，881頁）。

設例23

退任取締役の退任登記手続請求

　私は，A社の取締役をしていましたが，会社で内紛があったので取締役の辞任届を同社の代表取締役に提出しました。ところが，商業登記簿には取締役として私の名前が残ったままです。A社の代表取締役に退任登記の手続をするように要求していますが，相手にしてくれません。ちなみに，私が取締役をやめても残りの取締役は3人います。

　どうすればよいでしょうか。

A　　A社を被告として退任登記手続を求める訴えを提起することが考えられます。

解説

　取締役の辞任は，会社の代表取締役に辞任届が到達することにより効力が発生する（会社法330条；民法540条1項，97条1項）。

　取締役の氏名は登記事項であり（会社法911条3項13号），変更があった場合には2週間以内に変更登記をしなければならない（会社法915条1項）。したがってA社は，相談者が辞任届を提出してから2週間以内に変更の登記をする必要がある。それにもかかわらず，A社が変更の登記を申請しない場合は，相談者にはA社に対する商業登記請求権（最判平成7年2月21日民集49巻2号231頁参照）に基づき，A社を被告として，上記変更登記手続を求める訴えを提起すれば，勝訴するものと思われる。相談者が上記訴えに勝訴し，それが確定し，A社の代表取締役がそれに応じて変更登記手続をすれば，一件落着である。

　ところが，A社の代表取締役が変更登記手続をしない場合には，相談者が法務局に対して上記申請をすることができる（昭和30年6月15日民事甲第1249号民事局長回答）。その根拠として「申請を命ずる裁判によって，登記申請についての代理権の授与が強制される結果，原告は会社の代理人として登記を申請することができる（味村治『詳解商業登記（上）〔新訂〕』130頁）。したがって，法

第4節　取締役

律又は定款に定める取締役の員数を欠いていない限り，退任した取締役本人が，確定判決に基づいて，退任登記を申請することができる（昭和30年6月15日民事甲第1249号民事局長回答）」とするものがあるが（東京地裁商事研2011a，79頁），債務名義たる判決主文に，代理権の授与が入っていない以上無理な解釈だと思われる。しかし法務局は登記を認めているので，相談者は目的を達成できる。上記の法律の解釈は，今後の研究課題と考えられる。

Column⑤ 「非上場会社の敵対的M＆A」の当事者

　ケースとして一番多いのは，親族間の争いであり，次に多いのはオーナーと番頭の争いである。

　前者は兄弟姉妹間のものが多いが，たまに親子間のものもある。たとえば，オーナーが子供に実権を渡そうとして株式を子供に譲った後，眼鏡違いに気づいて争うケースや，子供がそれ相応の実権を親から承継したが，その後も経営に口を出す親を追い出そうとするケースがある。兄弟姉妹が争うケースでは，オーナー社長が死亡しても，母親の存命中は母親に遠慮するためか，相手に対する攻撃が割合緩いが，母親が死亡すると争いが熾烈化することがよく見られる。

　後者は，オーナーが老齢化したり死亡した後，オーナーが子供や婿を後継者にすることを希望しているにもかかわらず番頭がそれに反対するケースである。この場合には，番頭が会社の実権を掌握していることが多く，オーナーの後継者が苦戦することが多い。

　当事者の一方のバックにその非上場会社に関心を持つ大企業が存在することがある。その場合には大企業は表に出ず，一方当事者に金銭的援助をしたり，一方当事者が中立の株主に対して株式譲渡を依頼する場合に，大企業が上記株主に対して影響力を有するときは，「売却してやってほしい」と勧めることも少なくない。

設例24

退職金の不支給・減額

　非上場会社における支配権獲得戦において，退任取締役の退職慰労金が支払われなかったり，減額されることは多いのでしょうか。その場合，退任取締役には争う手段があるのでしょうか。

A　　割合多いです。裁判で争うことはできます。ただ，株主総会決議がない場合には退職金の支払いが認められる可能性は低いです。

解説

1 ｜ 実　　態

　非上場会社における支配権獲得戦では，退職慰労金が支払われなかったり，大幅に減額されることは，よく見られる。

　たとえば，従来取締役であった者が取締役を解任されたり，会社内部の力関係が変化したために従来は重任を続けていた取締役が再任されず取締役を退任した場合に，退職慰労金が支払われないことがある。

　なお，旧商法下と違い，解任の決議要件が緩和され株主総会の特別決議ではなくなった結果（会社法341条），取締役を解任することが容易になった。

2 ｜ 株主総会の決議の必要性

　取締役に対して退職慰労金を支払うためには，株主総会の決議が必要である（会社法361条：最判昭和39年12月11日民集18巻10号2143頁）。それは，株主総会もほとんど開催されず，株式譲渡も制限され，役員も同族のみで構成されている会社についても同様である（最判昭和56年5月11日判時1009号124頁）。

　株主総会の決議でその額を決定すれば，退職慰労金の支払いの要件を充足するが，実務においては，株主総会決議で具体的な額の決定を取締役会に一任することが多い。判例は，株主総会が無条件に取締役会にその決定を一任するこ

第4節　取締役

とは許されないが，一定の基準に従うべき趣旨であれば許されるとしている。すなわち，①一定の「基準」が慣行ないし内規によって確立しており，②その「基準」を株主が容易に知り得る状況にあり，③株主総会決議において明示的または黙示的に上記「基準」により取締役会に任せた場合であれば，委任が許されるとする（最判昭和44年10月28日判時577号92頁；最判昭和58年2月22日判時1076号140頁）。

　取締役会一任の株主総会決議がなされたが，取締役会が退職慰労金の額について決議しない場合や，取締役会で役員退職金規程に反する不当に低額な退職慰労金が決議された場合には，後述のように退任取締役は会社・取締役に対して損害賠償等を請求できる可能性が高い。

　ただ，会社・取締役を被告として訴えを提起することを著者が委任された際に，上記の①，②，③の要件を充足しているかどうか，退任取締役の代理人として不安を感じることもあった。というのは，株主総会が一応退職慰労金の額の決定を取締役会に一任した事実は間違いないが，①，②，③の要件を充足していないため有効な株主総会決議ではない，と裁判所が判断しないかどうかを危惧したのである。

　いずれにせよ，退任取締役が退職慰労金の支払いを受けるためには，退職慰労金の支給について株主総会決議が存在することが非常に重要である。

　そこで，代表取締役を解職された取締役が，次の定時株主総会で取締役の任期が満了し再任が見込まれない場合に退職慰労金の支払いを期待するのであれば，解職されたことについて会社に対して将来反撃するつもりであっても，直近の定時株主総会までは鳴りをひそめておく方がよい。

　というのは，まず第1に，紛争が生じていることが公になることを多数派が嫌ったり，退職慰労金の額は取締役会決議でどうにでもなると誤解して，「取締役会に退職慰労金の額の決定を一任する」という一般的な株主総会決議がなされることが案外多いからである。上記決議が存在するのにもかかわらず，取締役会で退職慰労金の額が決議されなかったり，不当に退職慰労金を減額する取締役会決議がなされれば，会社・取締役を被告として損害賠償の請求（会社

法350条, 429条) [東京地裁商事研2011a, 127頁] をすることが可能である (東京地判平成6年12月20日判タ893号260頁)。

第2に, 退任取締役が株主総会開催前に反撃した結果, 会社側が反発して退職慰労金を支払わないという株主総会決議がなされたり, 株主総会決議で低額の退職慰労金の具体的な額を定められたりすると, 退任取締役として法的手続がとりにくくなるからである。

すなわち, 取締役会に一任する株主総会決議がない場合には, 退任取締役が退職慰労金またはそれに関する損害賠償を会社・取締役に請求することは大変難しいが, 上記のような退職金を支払わないという決議や低額の退職慰労金の具体的な額を定める株主総会決議がなされると, 退職慰労金の存否および額は当該株主総会決議により確定しており, それを覆すのは一層困難になる。

ただ, その決議の不当性を理由として株主総会決議を争う方法としては, 決議について特別の利害関係を有する者が議決権を行使したことによって著しく不当な決議がなされたとして, 決議取消しの訴え (会社法831条1項3号) を提起することが考えられる。しかし, そもそも「著しく不当な決議」と言えるかどうかが微妙であるほか, 仮に勝訴して決議が取り消されても, 株主総会決議がさかのぼって効力を失うこととなるだけで (会社法839条), 新たな株主総会決議がなされない限り, 退任取締役の希望する退職慰労金請求権は発生せず, 有効な対策とは言えない。

3 ┃ 「従業員の退職金」と「役員の退職慰労金」の違い

ここで注意しなくてはならないのは, 「従業員の退職金」と「役員の退職慰労金」の違いである。

従業員は, 就業規則等に退職金を支払うという定めがあれば, 就業規則に定められた懲戒解雇による不支給の要件に該当しない限り, 会社に対して退職金の支払いを請求する法的権利がある。したがって, 会社が従業員に対して退職金を支払わない場合には, 会社を被告として退職金を支払えという訴えを提起することができる。

それに反して役員の退職慰労金請求権は，上述のように株主総会の決議がなければ権利性はなく，株主総会で具体的な退職慰労金の額が決議されたり，株主総会が一定の基準に従って取締役会に具体的な額の決定を委任し，それに基づいて取締役会が額を決議して初めて具体的な請求権となるので，それ以前は会社を被告として退職慰労金の支払いを求めて訴えを提起しても，原則として認められない。

4 ┃ 株主総会決議の不存在と退職金

　株主総会決議がなければ，退任取締役が会社・取締役に対して退職慰労金または退職慰労金相当額の損害賠償の支払いを求めることは大変困難である。

　しかし，取締役任用契約に退職慰労金付与の特約が含まれている場合には，退任取締役は会社に対して「抽象的な退職慰労金請求権」（株主総会決議によって認められた金額の限度で，具体的な請求権に転化する権利）を有し，株主総会に退職慰労金に関する議題を付議することを取締役会等で決定し，株主総会の判断を経る義務を負う。そして，合理的期間を徒過しても，正当な理由なく退職慰労金の支払いに関する議案が株主総会に付議されない場合には，会社法429条により，退任取締役は損害賠償の請求ができると解する立場がある〔東京地裁商事研2011a，131頁〕。

　この考え方は必ずしも多数説とはいえないと思われるほか，この考え方を前提としても，以下の2つの問題がある。

　まず，退職慰労金付与の特約が会社に対して法的拘束力を有することが必要である。任用契約を結ぶのは取締役に就任する以前であるので，取締役候補者と会社が退職慰労金付与の特約が含まれている任用契約を締結する際には自己取引の問題が発生しない。これに反して取締役に就任した後に退職慰労金の支払い約束をすれば，それは典型的な自己取引（会社法356条1項2号）であり，取締役会の承認がなければ会社に対して拘束力がないため，承認がない場合には「抽象的な退職慰労金請求権」が発生する余地がなく，退任取締役は取締役に対して会社法429条に基づき損害賠償を請求することはできない。

　次に，自己取引の問題がなく特約に法的拘束力がある場合においても，損害賠償を請求するのであれば，退職慰労金の支払いに関する議案が株主総会に付議されればそれが可決されるという相当因果関係も必要であるが，株主総会が付議された金額どおりの承認決議をするとは限らず，その立証は難しいものと思われる。

5 ┃ 著者の経験

　旧商法下ではあるが，著者には次のような経験がある。

　すなわち，A社の代表取締役を務めていた甲が代表取締役を解職され，近々定時株主総会が開催されるが取締役に再任される見込みがないので，早急に反撃したいという依頼が甲より著者にあった。甲は「株主総会で退職金を支払わないという決議がなされるだろうから，株主総会を待つ意味はないので，退職金が支払われないことを前提とし，すぐにそれに反論する内容証明郵便を会社宛に出してほしい」と著者に依頼した。著者は，「株主総会決議で取締役会に退職金の額の決定を一任する可能性があるので，とりあえず株主総会までは何もアクションを起こすべきではない」と甲を説得したところ，甲はしぶしぶながらもそれに従った。

　著者の予想どおり，A社の株主総会では「取締役会に退職慰労金の額の決定を一任する」との決議がなされたが，取締役会で甲の退職慰労金は役員退職金規定に従わず不当に減額された。そこで，甲は会社と取締役を被告として訴えを提起し，最終的には裁判上の和解により解決し，本来得るべき退職慰労金相当額を受領することに成功したものである。

設例25

取締役報酬の減額

　私は，Ａ株式会社の代表取締役社長をしていましたが，専務一派に反乱を起こされ，８月に開催された取締役会で代表取締役社長を解任され，平の取締役に降格しました。

　従来，株主総会が定めた報酬の枠内で取締役会が代表取締役社長である私に各取締役の報酬額の決定を委任していました。代表取締役社長である私の報酬につきましては，月額300万円年額3,600万円と決定し同額を受領していましたが，上記取締役会で月額30万円に減額され実際にも月額30万円しか振り込まれません。それについて不満ですが，何か対策はありませんか。

　なお，Ａ株式会社は３月決算の会社で，取締役の任期は２年ですので，私は解任されない限り，再来年の６月の定時総会まで取締役です。

　Ａ　　取締役会決議で報酬の減額決議をしても，あなたがそれに同意しなければ減額決議は無効ですので，任期満了までは会社に差額分の支払いを請求することができます。会社がそれに応じなければ，訴訟を提起することを検討するべきです。

解説

　取締役の報酬は，定款に定めていなければ株主総会の決議によって定める（会社法361条１項）。定款で定めている会社はほとんどなく，実務上は株主総会の決議で総額の上限を定め，各取締役の報酬額の決定は取締役会に委任され，その上で，取締役会がさらに代表取締役に委任することが多い。

　上記により取締役の具体的な報酬額が定められれば，その報酬額は会社と取締役の間の契約内容なので取締役の同意がなければ会社はそれを減額することはできない（最判平成４年12月18日民集46巻９号3006頁）。したがって，会社に差額分の270万円の支払いを請求し，会社がそれに応じなければ，訴訟を提起することも考慮するべきである。

　その場合，会社は取締役を株主総会決議で解任することが考えられる。商法

時代（商法343条）と違い特別決議でなくとも解任することができるからである。その場合，解任が不当であっても株主総会の手続等が違法でなければ解任自体は有効であるが（会社法339条1項），解任に正当な理由がなければ取締役は会社に対して損害の賠償を請求できる（会社法339条2項）。その損害の額は支払われなかった報酬とされることが多い。

Column⑥　知財の争い

「非上場会社の敵対的M＆A」においては，対象会社と相手方の会社とが知的財産における技術に関してライバルの場合がある。その場合には両者の間で知財の訴訟・仮処分が行われることがある。

その場合，争いの発端として「証拠保全」がなされることもある。「証拠保全」とは正規の証拠調べではなく，あらかじめ証拠調べをしてその結果を保全しておく手続であり，医療訴訟でカルテについてしばしばなされる。

「侵害物件」が「証拠保全」の対象とされるほか，「侵害物件に関する帳簿」が選択されることもある。前者はともかく後者については営業秘密であることを理由として拒否されることが多い。

「証拠保全」は，相手方に拒否される可能性が高いとして消極的な向きもあるが，「侵害物件」について拒否されることは，ほとんどない。ちなみに，著者は10件近く「証拠保全」をした経験があるところ，相手方から抵抗されたことはあるが，最終的に拒否されたことはない。

「侵害物件に関する帳簿」について当事者が「非上場会社の敵対的M＆A」の関係にある場合には，拒否されたことがある。ただ，その際には呈示命令が下された。同命令が下されたのにもかかわらず相手方が拒否すると，裁判になった場合，同命令が一定の要件が備わると当方の言い分が認められることがある。

第4節　取締役

代表取締役の解職

　当社の代表取締役社長は超ワンマンで，会社の経営について公私混同が激しく，良心的な社員からひんしゅくを買っています。しかし，今まで代表取締役社長に諫言した取締役はすべて会社を辞めさせられたり，子会社に飛ばされてしまいましたので，表立って反対することはできません。私は専務取締役ですが，取締役会で代表取締役社長を解職（いわゆる「解任」）しようと思っています。どういうことに注意する必要があるでしょうか。

A　　解職の決議を計画していることを代表取締役社長に気づかれないようにすることが大事です。その他いろいろ注意する点がありますが，詳細は解説を参照してください。

解説

1 ┃ 代表取締役の解職

　非上場会社における支配権獲得戦では，代表取締役が解職（いわゆる解任）されることが少なくない。

　代表取締役の解職は取締役会で行うが（会社法362条2項3号），解職に賛成する取締役は，解職の企てを事前に代表取締役に知られ妨害されるのを恐れることが多い。ワンマン社長やワンマン会長を解職しようとする場合における解職派の取締役が社長や会長に対して感じる恐怖は，はたから見ていても大きいものである。

2 ┃ 実際の段取り

　どのようにして多数派を形成するかが第1の問題である。ケース・バイ・ケースであるが，著者には次のような経験がある。

　すなわち，私益を図るワンマン会長に対して実務を担当する会社のナンバー

ツーである社長が不満を感じ，会長の解職について専務取締役と意思を通じて少しずつ取締役の多数派工作をしたケースであったが，会長の親戚である取締役には話をしなかった。多数派工作の際，解職の企てを相手方に知られれば逆襲されることは必至であるので，解職しようとする取締役の性格や説得の対象となる取締役の置かれた立場等を熟慮して行うほかはない。

多数派を一応形成できた段階では，いつの取締役会で解職の決議を行うのかが，第2の問題となる。時間をかけてでも圧倒的多数の取締役を味方につけようとするのがよいか，それまで待たずに解職決議をするのがよいか迷うところである。もちろん，解職に賛同する取締役は多い方がよいが，時間をかけ過ぎているうちに当方の企てが相手方の知るところになると，逆襲され，努力が水の泡となりかねないからである。

代表取締役を解職しようとする場合には，取締役会のリハーサルが重要であるほか，誰が解職の動議を出すか，その人選が大事である。ワンマン社長に対する解職の動議があれば，同社長が大声で反論することが多いが，動議を提出した取締役がそれに萎縮してしまうようでは，解職の目的を達成することはできない。

そこで，リハーサルの際，弁護士が解職される代表取締役の役を担当し，取締役からの解職の動議に対して，大声で反論する必要がある。著者がリハーサルでそれを実行したところ，予想していなかった取締役たちは大変驚いたようで，解職後会うたびに，「あの時はびっくりしました」と言われる。

代表取締役の反撃に太刀打ちできる図太い神経の持ち主に解職の動議を出させるほか，代表取締役の反撃があれば，解職に賛成する他の取締役が起立して動議を提出した取締役を応援する必要がある。

また，その取締役会で代表取締役を解職できなければ，解職派は代表取締役の反撃により会社から追放されかねないため，必ずその取締役会で解職決議を成立させる必要がある。したがって，代表取締役が「その決議を留保して取締役会を続行しよう」という提案をしたとしても，解職派は絶対にそれに応じてはならない。

第4節　取締役

　よくある反撃のパターンの１つは，解職の対象となる代表取締役が「解任の理由を明らかにしろ」と発言するものである。代表取締役の解職は取締役会の権限であり（会社法362条２項３号），法律的には解職の理由は不要であるほか，以下に述べるように解職の理由を明らかにする必要はない。もちろん，解職しようとするからにはそれ相応の理由があるのが普通であるが，取締役会で解職の理由の存否について討議をしていれば，それを調査し，その結果が出てから決議をすればよいなどとされ，取締役会が続行されかねない。

　解職決議が成立した直後に新たな代表取締役を選定（いわゆる選任）し，その者が新しい取締役会の議長となることが多いが，場合によっては取締役会を開催する会議室の近くに弁護士を待機させ，新代表取締役の指示で同弁護士を会議室に入場させることも考えられる。その弁護士は，新代表取締役に委任された会社の弁護士ということになろう。旧代表取締役時代の会社の顧問弁護士が議場にいる場合には，新しい弁護士が議場に入るタイミングをよく検討しておく必要があるほか，会社法に詳しく迫力のある弁護士に依頼する必要がある。

　そのほか，事前に解職決議後の準備をしておくことが必要である。まず，代表取締役変更の登記申請書を作成しておき，取締役会が終了すると同時に取締役会議事録を完成し，直ちに法務局に登記申請に行かなければならない。なお，議事録は通常パソコン等で作成されるが，プリントアウトしたものを事前に準備しておくほか，変更に備えてパソコン等も準備しておくべきである。

　解職された元代表取締役が取締役会議事録に署名押印しなくても，出席取締役の過半数が署名（記名・押印）すれば，登記申請は受理される（昭和28年10月２日民事甲第1813号民事局長回答）。実務的には，元代表取締役に対して取締役会議事録への署名を求め，拒否された場合は，その経緯を記載した上申書を変更登記申請書に添付するか，議事録にその内容を記載しておけばより一層よいと思われる。

　念を入れるとすれば，事前に法務局で手続きを確認しておくことも考えられる。しかし，舞台が小都市であったり，会社が有名企業であったりして，その情報が相手方・マスコミ等に漏れる可能性のある場合には，それはやめておく

べきである。

　そのほか，代表取締役の解職後，解職された元代表取締役が反撃する前に，解職の事実を会社で発表する必要がある。それにより，いわゆる「勝ち馬に乗る者」を増やし，既成事実を固めることができるからである。それのみならず，取引銀行等や有力な取引先にもすぐ報告と挨拶に行き，知名度の高い会社であれば，新しい代表取締役が記者会見も行うべきである。

3 ┃ 取締役会に関する法律問題

（1）招集通知

　取締役会の招集通知（会社法368条１項）を書面で行う場合には，代表取締役に反撃の準備をされないように，代表取締役の解職を議題として記載しない。この場合，議題として記載されていないのにもかかわらず，取締役会で解職決議をすることが許されるかが一応問題となる。

　結論から言えば，議題として記載されていなくとも，代表取締役の解職を取締役会の議題とすることは許される［東京弁護士会2016，359頁］。すなわち，取締役会設置会社においては，株主総会の招集通知に議題を記載することが法律上要求されているが（会社法299条４項），取締役会の招集通知ではそうではない（会社法368条）。したがって，取締役会の招集通知に議題を記載するかどうかは会社の判断に任されている。その結果，取締役会の招集通知を出す会社にも，議題を記載する会社とそうでない会社とがある（別冊商事法務編集部編「会社法下における取締役会の運営実態」『別冊商事法務』№334，54頁）。

　取締役会設置会社における株主総会では，その開催を決定する取締役会で決議し，招集通知に記載された目的以外の事項を議題とすることは許されない（会社法309条５項）。これは，株主には，株主総会に出席する権利はあるが義務はないので，株主がその議題に関心がなければ欠席すればよいということである。それに反して，取締役は取締役会に出席し，議題となったことのすべてについて審議し，議決する義務がある。したがって，招集通知に記載されていな

第4節 取締役

い議題についても審議することが許される。

　なお，取締役会招集通知に議題を記載していない場合には，原則としてどのようなものでも取締役会の議題にすることができるが，取締役会招集通知に議題を記載している場合にはそれ以外を議題にすることができないところ，代表取締役の解職については取締役会の監督権限は適時に行使されるべきことを理由に，解職以外の議題が招集通知に記載されていても解職を議題とすることが許されるとする学説［竹内2001，534頁］がある。

（2）代表取締役解職決議と特別利害関係人

　取締役会において決議する場合には，議決に加わることのできる取締役の過半数（これを上回る割合を定款で定めた場合には，その割合以上）が出席し，その過半数（これを上回る割合を定款で定めた場合には，その割合以上）をもって行う（会社法369条1項）。

　代表取締役を取締役会決議で解職する場合には，解職対象者は特別の利害関係を有するので議決に加わることができない（会社法369条2項；最判昭和44年3月28日民集23巻3号645頁）。なお，「閉鎖型のタイプの会社を念頭に置く限り代表取締役の解職は，取締役会の監督権限の行使というより業務執行（経営方針等）を巡る2派の争いそのものである例が多いと思われる」として，特別利害関係に当たらないとする学説も存する［江頭2021，436頁］が，実務においては判例に従うべきである。

　ところで，代表取締役を選定する場合には，候補者は特別利害関係人とはならないと一般に解されている［江頭2021，436頁］。

　たとえば，取締役A，B，Cが甲グループに，取締役D，E，Fが乙グループに属しており，現在はAが代表取締役であり，他に代表取締役がいないとする。乙グループが代表取締役であるAを解職しようという議題を取締役会に提案した場合，Aは特別利害関係があるので決議に参加できず，B，Cが反対しても，D，E，Fが賛成すれば，5名中3人が賛成であるので過半数となり，解職の議題が決議される。

その後，乙グループがDを代表取締役に選定しようとすると，Dは特別の利害関係を有しないので，3対3となり過半数とならず，代表取締役が選定されない。したがって，両派の間で妥協ができない限り，代表取締役の権限を行使する者が存在しないこととなる。

この場合には，株主総会を開催して新たに取締役を選任するとか，従来の取締役を解任するなど取締役会の構成を変更しない限り，代表取締役がいない状態が続く。なお，Aは代表取締役を解職されたのであるから，代表取締役としての権利義務を有することはない（会社法351条1項）。

その結果，代表取締役を選定できない状態になった場合に，利害関係人が裁判所に対して，「一時代表取締役」の選任の申立てを行えば，選任される（会社法351条2項）。

4 ┃ 取締役報酬の減額

代表取締役が解職された場合，会社がその取締役の報酬を減額しようとすることが多いが，以下のとおり，当該取締役の同意がない限り，取締役会で決議しても，任期満了までは報酬の減額は許されない。株主総会で決議しても同様である。

取締役の報酬がその役職ごとに定められており，役職が変更になればその役職の報酬を支払うという慣行がある会社では，会社は役職変更を理由として報酬減額をすることが許されるとする裁判例（大阪地判昭和58年11月29日判タ515号162頁）がある。

しかし，最高裁判例（最判平成4年12月18日民集46巻9号3006頁）は，定款または株主総会の決議（株主総会で取締役報酬の全額を定め，取締役会が各取締役の報酬を決議した場合を含む）に，報酬額が具体的に定められると，「その報酬額は，会社と取締役間の契約内容となり，契約当事者である会社と取締役の双方を拘束するから，その後株主総会が当該取締役の報酬につきこれを無報酬とする旨の決議をしたとしても，当該取締役は，これに同意しない限り，右報酬の請求権を失うものではないと解するのが相当である」と判示した。

第4節　取締役

　会社が本来支払うべき報酬額を支払わない場合は，解職された取締役としては原則として訴えを提起するほかない。解職された代表取締役が生活に困る場合には，仮払いの仮処分を申請することが考えられる。

　なお，会社が従業員を解雇し，従業員がその解雇の無効を前提に金銭仮払いの仮処分が認められることはよくあるほか，交通事故に基づく損害賠償金の一部の支払いの仮処分も認められるが，それ以外にはあまり見られない。ただし，相続人らが全員で負担すべき巨額の税金をそのうちの1人が立て替えて支払ったところ，他の相続人が約束に違反して支払わないので，立て替えた相続人が破産を申し立てなくてはならなくなり，その状況で認められた仮処分の例があるとのことである［瀬木2020，622頁］。

　会社側は，訴えを提起された場合には解職された代表取締役の善管注意義務違反（会社法330条；民法644条），忠実義務違反（会社法355条）による会社の有する損害賠償請求権（会社法423条）と相殺することが考えられる。

設例27

会社による取締役会不開催への対応

　取締役会を招集する権限は，誰にあるのでしょうか。招集する権限を持っている取締役が招集しない場合，それ以外の取締役には対抗手段はあるのでしょうか。また，監査役は取締役会を招集することができますか。

A　　各取締役に招集権限がありますが，定款または取締役会で定めたときは，その取締役に招集権限があります。実際には，定款で社長または会長を招集権者と定めるものが多いです。

　　　取締役は，招集する権限を持っている取締役に対して取締役会の招集を請求することができます。

　　　監査役は，取締役が不正の行為をし，もしくは不正の行為をするおそれがあると認めるとき，または法令もしくは定款に違反する事実もしくは著しく不当な事実があるとき，招集する権限を持っている取締役に対して取締役会の招集を請求できます。

解説

1 ▏取締役による招集

　取締役会は，各取締役が招集する。ただし，定款または取締役会（取締役会規則等）で招集権者を定めると，原則としてその招集権者以外の取締役は取締役会を招集することはできない（会社法366条1項）。実際には，社長または会長を招集権者と定めるものが多い［別冊商事法務編集部編「会社法下における取締役会の運営実態」『別冊商事法務』№334，53頁］。

　その場合，招集権者以外の取締役は取締役会の議題を示して，招集権者に対して取締役会の招集を請求することができる（会社法366条2項）。その請求は，法律上は書面による必要はないが，後述のように自ら取締役会を招集するつもりであれば，配達証明付内容証明郵便，メール，ファックス等，証拠が残る方法によるべきである。

　その請求があった日から5日以内に，その請求があった日から2週間以内の

日を取締役会の日とする取締役会の招集の通知が発せられない場合には，その請求をした取締役は，取締役会を自ら招集することができる（会社法366条3項）。

2 ┃監査役による招集

　監査役は，取締役が不正の行為をし，もしくは不正の行為をするおそれがあると認めるとき，または法令もしくは定款に違反する事実もしくは著しく不当な事実があると認めるときは，遅滞なく，その旨を取締役会に報告しなければならない（会社法382条）。そして，必要があると認めるときは，招集権者に対して取締役会の招集を請求することができる（会社法383条2項）。その請求があった日から5日以内に，その請求があった日から2週間以内の日を取締役会の日とする取締役会の招集の通知が発せられない場合には，その請求をした監査役は取締役会を自ら招集することができる（会社法383条3項）。

　定款で監査役の監査の範囲を会計に関するものに限定されている場合には，監査役に上記権限はない（会社法389条7項）。

　なお，旧商法時代に小会社であった会社（公開会社を除く）は，会社法下では監査役の権限を会計に関するものに限定する定款の定め（会社法389条1項）があるものとみなされており（会社法の施行に伴う関係法律の整備等に関する法律53条），監査役に上記権限はない（会社法389条7項）。特例有限会社についても同様である（会社法の施行に伴う関係法律の整備等に関する法律24条）。

　監査役による招集請求の場合においては「『取締役が不正の行為をし，もしくは不正の行為をするおそれがあると認めるとき，または法令もしくは定款に違反する事実もしくは著しく不当な事実があると認めるとき』に関する監査役の報告」が議題となる。しかし，取締役から上記以外の議題の提案があれば取り上げることができる。それは，取締役会設置会社の株主総会については，株主総会招集通知に記載されたことしか議題とすることができないと記載されている（会社法309条5項）のにもかかわらず，取締役会についてはそのような定めがないほか，わざわざ新しい議題のために取締役会招集手続きを取ることが煩雑なためである［東京弁護士会2016，386頁］。

3 ┃ 会社側の対応

　会社側とすれば，取締役・監査役から取締役会の招集請求があれば，よほど
のことがない限り取締役会を招集するべきである。招集請求に応じなかったと
しても，請求者が自ら取締役会を招集することができるのであるから（会社法
366条3項，383条3項），招集を拒否してもあまり意味がないほか，法律を守ら
ないという悪い印象だけを社会・裁判所等に対して残しかねないからである。

Column⑦　軍資金

　「非上場会社の敵対的M＆A」については，他の「戦い」と同様に軍資金の
多寡が勝敗に大きな影響を与える。「会社」の方が「個人」より軍資金の調達
について有利なことが多い。「会社」はお金の動きが個人より大きく，キャッ
シュの余裕があることが多いからである。

　その結果，次のような争いが時々見られる。

　A会社がB会社の過半数の株式を有するが3分の2未満であり，A会社の
従業員がB会社の取締役をしており，B会社の元雇われ社長の未亡人がB会
社の発行済み株式総数の3分の1超を有している。A会社が未亡人の有する
B会社の株式を入手しB会社を全面的に掌握したいが，未亡人が協力しない
場合，未亡人の持分割合を減少させるためにB会社がA会社グループの者に
対して第三者割当増資をしようとする。この場合，B会社の株主総会の特別
決議が必要だが，未亡人が発行済み株式総数の3分の1超を有するのでそれ
は不可能である。

　旧商法下に設立された会社で株式譲渡制限のある会社は，会社法下でも取
締役会決議で「株主割当て増資」することができるので，発行価額を高くす
れば，A会社はそれに応じることができるが，未亡人はお金が足りなくて事
実上それができず，結果的にA社がB社の発行済み株式の3分の2超を占め
ることがある。

第2章　防衛方法

譲渡制限株式による会社防衛の有効性

「発行株式を譲渡制限株式にすれば敵対的買収をかけられない」という話を聞いたことがありますが，本当でしょうか。

A　発行株式を譲渡制限株式にすれば，敵対的買収に対してそれなりの防衛効果はありますが，非常に役立つとは言えません。

解説

1 ┃ 譲渡制限株式

　会社法は，譲渡制限株式を認めている。譲渡制限株式とは，株式会社がその発行する全部または一部の株式の内容として，譲渡による株式の取得について当該株式会社の承認を必要とする旨定めている場合における当該株式であり（会社法 2 条17号），登記をし（会社法911条 3 項 7 号，915条 1 項），株券にもその旨を記載する必要がある（会社法216条 1 項 3 号）。

　これは，定款で定める必要がある（会社法107条 2 項 1 号，108条 2 項 4 号）。一定の場合，たとえば当該会社の株主・従業員等が譲り受ける場合には，承認したものとみなすと定款で定めることもできる（会社法107条 2 項 1 号ロ）。

　承認は定款に別段の定めがない限り，取締役会設置会社（会社法 2 条 7 号）においては取締役会が，それ以外の会社では株主総会が行う。定款に別段の定めがあればそれによる。たとえば，取締役会設置会社において株主総会が承認するという定款が考えられる（会社法139条 1 項）。ただし，取締役会より下位の機関，たとえば代表取締役を決定機関とすることはできない〔江頭2021，239頁〕。

2 ┃ 譲渡制限株式と会社防衛

　定款にこの譲渡制限を定めておけば，会社に対する敵対的買収を容易に防止

することができると考える向きもあるが，著者の経験からいうと，以下述べるとおりそれほど効果があるものではない。

たとえば，A株式会社の株主である甲グループと乙グループとが争うケースについて検討する。甲グループが支配するA株式会社の株式の買収を乙グループが始めた場合，乙グループが乙グループ以外の株主から譲渡制限株式を譲り受ける約束をしても，甲グループが多数を占める取締役会が当該株式の譲渡について承認しなければ譲渡が有効とならないので，甲グループは乙グループによる敵対的買収を心配する必要がないと考える向きもある。

3 ▎敵対的買収の実務

しかし，実際には，乙グループは，次のような方法で譲渡制限株式を買い集めることができる。

（1）株券発行会社における買い集め方法

A株式会社が1種類の譲渡制限株式しか発行していない取締役会設置会社で株券発行会社（会社法117条7項）であるほか，甲グループが取締役会の多数を占めており，甲がA株式会社の代表取締役であるとする。また，甲グループは単独ではA株式会社の株主総会の議決権の過半数を有してはいないが，株主総会では委任状を取得することにより株主の多数派を従来形成していたとする。

たとえば，A株式会社の株主である丙から乙がその株式を買い受ける場合には，乙は①丙との間で株式売買契約を締結し，②丙より株券の交付（会社法128条1項）を受け，③丙に株式代金を支払う。そして，④当該株式の譲渡についてA株式会社の取締役会の承認を得るまでの間に株主総会招集通知（会社法299条）がA株式会社から丙に送付された場合には，丙はそれを乙に交付し，株主総会についての委任状を乙に交付すること，⑤上記①から④についてA株式会社および第三者に対して守秘する旨を合意する。

それに加えて，⑥上記①ないし⑤を丙が履行しない場合には丙が乙に一定額の違約金を支払うという条項を入れることが考えられる。

ただ，⑥の条項には難しい点がある。契約で定めた債務を履行しない場合には損害を賠償するという契約条項は珍しくないが，現在の日本人の法感覚では，具体的な損害賠償の額を契約書で定めることは強い抵抗感がある点である。また，高額の違約金であれば，それなりの効果があるが，中途半端な額では，甲グループがその契約の内容を知れば，「その違約金相当額は甲グループが負担するから，同グループに売ってくれ」と言う可能性が高く，その場合，丙がその申出に応じる危険がある点である。

そして，乙が自分のグループが委任状も含めて多数派となり，株主総会決議で乙グループの者を取締役に選任し取締役の過半数を占めた後に，乙は会社に対して譲渡承認および株主名簿を自分名義に書き換えることを申請し（会社法137条，133条），取締役会の承認を得て株式を完全に自分のものとするのである。

この譲渡承認については，乙はA株式会社に対して株券を呈示することにより単独で申請をすることができ，丙の協力は必要ではない（会社法137条2項；会社法施行規則24条2項1号）。また，上記承認を得た後，単独で会社に対して株主名簿の書換えを請求できる（会社法133条2項；会社法施行規則22条2項1号）。

譲渡制限株式が譲渡されてもA株式会社の承認がない場合は，譲渡は会社に対する関係では効力を生じないが，譲渡当事者間では有効であり，譲渡人が株式譲渡契約が無効であることを理由として，株式譲受人に対して株券の返還を請求することはできない（最判昭和48年6月15日民集27巻6号700頁）ので，上記のようなスキームが可能なのである。

（2）株券発行会社でない会社における買い集め方法

株券発行会社でない会社においても，上記（1）とほぼ同じであるが，異なる点が2つある。

その第1は，株券発行会社では，株券の交付が株式譲渡の効力要件であるところ（会社法128条1項），乙が現実の引渡し（民法182条1項）を受ければ，丙が乙以外の者に株式を二重譲渡することが不可能であるのに対して，株券発行会社ではない会社では，当事者の意思表示のみで株式を譲渡することができる

ので，株式を二重譲渡することが事実上可能である点である。したがって甲・乙が共に丙から譲り受けたとして発行会社の株主であると主張することがあり得るが，その場合には株主名簿に記載された株主が優先する（会社法130条1項）。そこで攻撃側とすれば，二重譲渡の問題のない株券発行会社の方が攻めやすい。逆に言うと，防衛側とすれば，株券不発行会社にしている方が防衛しやすい。

　なお，株券発行会社においても現実に株券が発行されていない方が上記の理由により防衛しやすい。公開会社でない株券発行会社は，株主から請求がある時まで株券を発行しないことができる（会社法215条4項）ので，それまでは発行しない方が望ましい。株主から株券の発行請求があれば，発行せざるを得ないが，それにより買収の動きがあることを感知できる。

　第2は，株券発行会社では，譲受人が株券を取得していれば，単独で会社に対して譲渡承認の申請および株主名簿の書換請求をすることができるが，株券発行会社ではない会社では，譲受人のみで会社に対して譲渡承認の請求・株主名簿書換えの請求をすることができず，売主と買主が共同して行う必要がある点（会社法137条2項，133条2項）である。

　売主が譲渡承認の申請について買主に協力してくれない場合には，買主は売主を被告として売主が「会社法136条1項による承認の請求と会社法133条1項の規定による株主名簿書換えの請求」をすべきことを求める訴えを提起し，勝訴判決が確定した後，確定判決の内容を証する資料を提供すれば，買主単独でも請求をすることができる（会社法137条2項，会社法施行規則24条1項1号；会社法133条2項；会社法施行規則22条1項1号）。売主が協力してくれないことへの対策としては，株式を譲り受ける際に，譲渡人・譲受人連名の「株主名簿書換請求書」の譲渡人欄に署名・押印をもらっておくことが考えられる。

設例29

株主平等原則の例外

　私が経営している非公開会社である株式会社の株式を買い集めている一派がいます。その者たちにダメージを与えるために，その一派の所有する株式に対して他の株式より配当を少なくしたり，行使できる議決権の数を他の株主より少なくすることは，会社法上許されますか。

　また，その一派が少数株主権を行使することを定款で制限することは可能ですか。

A　　一応は可能ですが，その一派が有する株式が議決権の4分の1を超えたり，頭数が過半数を超えると難しいです。少数株主権の行使につき定款で制限することは許されません。

解説

1 ┃ 配当，議決権についての不利益扱い

　株式会社は，株主をその有する株式の内容および数に応じて平等に取り扱わなければならない（会社法109条1項）。ところが，公開会社でない株式会社については株主ごとに異なる取扱いを行う旨を定款で定めることができる（会社法109条2項）。したがって，定款を変更して特定の株主の有する株式について配当額を少なくすることは一応は可能である。

　また特定の株主について，1株当たり他の者の半分しか議決権を行使できないとすることも，一応は可能である。

2 ┃ 定款変更

　ただし，上記1のような定款変更をするためには，通常の定款変更（会社法466条，309条2項11号）とは違い，総株主の頭数の半数以上（定款でそれを上回る割合を定めたときはその割合）であって，議決権の4分の3以上（定款でそれを上回る割合を定めたときはその割合）となる多数が必要である（会社法309条4

項）。

　したがって，買い集める側が頭数の半数以上または議決権の 4 分の 1 以上の株式を有している場合には，この手法は使えない。

　議決権の 4 分の 3 以上を有しながら株主の頭数が半数以上とならないグループが，上記の頭数の要件を充足するために自分がコントロールできる第三者に株式を譲渡することにより株主の頭数の半数以上とすることは，原則として許されると解する。株式に譲渡制限がある場合であっても，上記のような企てをなすような会社であれば過半数の株式を有していることが多く，通常は取締役の過半数を会社側が占めており，取締役会の承認を得ることは容易であると思われる。

　ただ，次のような判例が存するので，実際に株式を譲渡する場合には注意を要する。すなわち，民事再生法の再生計画案を可決するには，議決権者（債権者集会に出席し，または民事再生法169条 2 項 2 号に規定する書面等投票をしたものに限る）の過半数の同意と，議決権者の議決権の総額の 2 分の 1 以上の議決権を有する者の同意が必要（民事再生法172条の 3 第 1 項）であるところ，再生手続開始申立て直前の債権譲渡により前者の要件を充足して可決した再生計画を，不正の方法によって成立した（民事再生法174条 2 項 3 号）として再生計画を不認可とした判例（最判平成20年 3 月13日民集62巻 3 号860頁）である。とはいえ，本設例の事案と判例とは，以下に述べるように適用される法律が違うので，同様に考えるべきかどうかは検討の余地がある。

　すなわち，定款変更では，原則として単に株主総会決議の要件だけが定められているのにもかかわらず（会社法309条 4 項），民事再生では，可決要件（民事再生法172条の 3 第 1 項）のほか，可決された再生計画案につき裁判所による認可手続があり（民事再生法174条），上記判例は再生計画不認可決定がなされたものだからである。

3 ┃ 著しく不当な決議を理由とする決議取消しの訴え

　しかし，株主総会決議の寸前に株式の譲渡をなすことについては，株主総会

決議が取り消される（会社法831条１項１号）リスクがあることを念頭に置いておく必要がある。

　配当率の格差が極端な場合は，株主総会の決議について多数派が少数派を圧迫するために上記決議をなせば，特別の利害関係を有する者が議決権を行使したことによって著しく不当な決議がなされたと評価されて，決議取消しの訴え（会社法831条１項３号）が提起され敗訴する危険性がある（東京地立川支判平成25年９月25日金判1518号54頁）。決議取消しの訴えについては，〔設例50〕を参照されたい。

4 ▎少数株主権についての不利益扱い

　会社法109条２項は，「前項の規定にかかわらず，公開会社でない株式会社は，第105条第１項各号に掲げる権利に関する事項について，株主ごとに異なる取扱いを行う旨を定款で定めることができる」と規定している。少数株主権は，上記「第105条第１項各号に掲げる権利」ではないので，少数株主権について株主ごとに異なる取扱いを行うことは，定款によってでもなすことができない。

設例30

相続人に対する株式の売渡しの請求

　私が社長をしているＡ株式会社では，合計100株の株式が発行されています。そのうち35株を私が，10株を専務取締役である私の息子（甲）が，10株を副社長をしている私の弟（乙）が，5株を常務取締役をしている乙の息子（丙）が有しています。残りの40株のうち元従業員出身の取締役である丁，戊が5株ずつ，従業員持株会が15株と社外の者3名が15株を有しています。

　Ａ株式会社は，一種類の株式しか発行していませんが，その株式の取得には取締役会の承認が必要であることが定款に定められています。現在，取締役は私，甲，乙，丙，丁，戊の6名ですが，60％を所有している私たち一族の私，甲，乙，丙以外の株主も，今のところ現経営陣を支持してくれています。ただ，それらの株主が死亡した場合に，その相続人が従来どおり現経営陣を支持してくれるかどうか不安です。何か対策はありますか。

　Ａ　株主が死亡したときには，会社がその株主に対して買取りを請求できるという定款を定めることが考えられます。ただし，現経営陣が死亡した場合にも株式を会社に買い取られるというリスクがあります。

解説

1 ┃ 相続人に対する株式の売渡しの請求

　株式会社は相続その他の一般承継により譲渡制限株式を取得した者に対して，自社に売り渡すことを請求することができる旨を定款で定めることができる（会社法174条）。定款変更は，一般のルールに従い株主総会の特別決議による（会社法466条，309条2項11号）。

　株式会社が上記定款に基づいて売渡請求をする場合には，売渡請求をする株式の数（種類株式発行会社では株式の種類および種類ごとの数），その株式を有する者を，株主総会の特別決議（会社法175条1項，309条2項3号）によって定め

なければならない。

「経営者またはその関係者」以外の者が死亡した場合には想定どおりであり，問題は発生しない。

2 ┃ 経営者またはその関係者が死亡した場合

ただ，「経営者またはその関係者」が死亡した場合には，思いもかけない事態が発生する可能性がある。

従来相談者の一族（相談者，甲，乙，丙）は，発行済株式100株のうち60株，すなわち60%の議決権を有していた。

仮に，相談者が死亡したとする。会社が相談者の相続人から，相談者の有していた35株を買い取って自己株式にした場合，自己株式については議決権を行使することができない（会社法308条2項）。したがって，議決権を行使できるのは，甲が10株，乙が10株，丙が5株，丁が5株，戊が5株，従業員持株会が15株，社外の者3名が15株である。その結果，相談者の一族の有する株式の数は甲，乙，丙の25株となる。行使できる議決権の数は65株であるので，一族の有する議決権の割合は相続以前の60%から約38.5%に減少する。

このようになるので，相談者が死亡した場合，会社は売渡しの請求をしないことが多いと思われる。ただ，乙，丙，丁，戊が結託して会社の支配権を獲得しようとする場合は，状況が異なってくる。その場合には，相談者の相続人に対して売渡しの請求をするための決議をなす株主総会を招集することを，乙，丙，丁，戊が主導して取締役会で決議する。相談者が亡くなると，取締役5名のうち乙，丙，丁，戊が賛成すれば，上記取締役会決議は容易に成立する。そして，株主総会で上記決議をする。その株主総会では，相談者の有していた株式については議決権を行使できない（会社法175条2項）。相談者の有する株式数は35株であるので，総株式数の100株からそれを控除した65株が「議決権を行使できる株主の議決権」となる。65株の3分の2は約43.3株であるところ，甲の有する株式数は10株なので，甲以外の有する株式55株のうち44株を有する株主が賛成すれば，相談者の残した株式は会社に売り渡され，ご子息である甲

の立場も危うくなる可能性が高い。

　取締役の過半数を相談者の側が制していれば，売渡しの請求をするための決議をなす株主総会が開催されることはないので，上記のような問題は発生しないと楽観視する向きもあるかもしれない。しかし，そのような状況であったとしても，総株主の議決権の100分の3以上の議決権を有する株主が会社に対して上記議題について株主総会の招集を請求したにもかかわらず，会社が株主総会の招集手続を行わない場合は，その株主は裁判所の許可を得て，自ら株主総会を招集できる（会社法297条）ので，やはりリスクは存する。なお，100分の3を計算する場合の総株主の議決権は，100株ではなく売渡しの請求の対象となる35株を控除した65株である（会社法297条3項，175条2項）。

3 ┃ オーナー側の対策

　オーナー側の株主が死亡した場合の対策として，売渡請求ができるとする定めのある定款に「相談者が死亡した場合，会社はその相続人に対して売渡請求をすることができない」と定めているものがあるようである。しかし，この定款の定めによれば，「相談者以外の株主の相続人」については一定の手続がとられた場合会社に対して株式を売り渡す義務があるのにもかかわらず，相談者の相続人には売り渡す義務がなく両者を平等に取り扱っておらず，公開会社においては会社法109条1項に違反し無効であるので，留意されたい。

　なお，A株式会社が公開会社でない場合，会社法109条2項により許されないかを検討する。会社法109条2項は，公開会社でない株式会社は，同法105条1項各号に掲げる権利に関する事項について株主ごとに異なる取扱いを行う旨を定めることが許される。会社法105条1項1号は「剰余金の配当を受ける権利」，同項2号は「残余財産の分配を受ける権利」，同項3号は「株主総会における議決権」である。ここで問題となっている「売渡しの請求をされない権利」は，上記の3つの権利のいずれにも該当しない。したがって，会社法109条2項によっても許されない。

　そのほか，たとえば20％以上の株式を有する株主が死亡した場合には会社が

売渡請求をすることができないとする定款にしている事例があるようである。しかし，以下に述べるようにその定款は無効である。

　この定款については，上記定款とは違い，20%以上の株式を有すればどの株主についても適用されるので，株主平等の原則に違反しないと解する向きもあるが，大株主のみ特権を付することになるので，公開会社・非公開会社のいずれであろうとも会社法109条に反し無効であると解される。

　上記1のような定款を定めないのも一法である。相談者の有する株式を相談者の支配する会社に譲渡・現物出資をすれば，相談者が死亡した場合の問題は解決する。ただ，相談者に対して所得税等が発生することがあり得る。おおまかにいうと，甲については取得費・譲渡費用の合計額と譲渡代金との差額について15.315%の所得税（租税特別措置法37条の10第1項；東日本大震災からの復興のための施策を実施するために必要な財源の確保に関する特別措置法13条）と5%の住民税（地方税法附則35条の2第1項・5項）が発生する。また，相談者が持株会社に譲渡する価格が時価の2分の1未満である場合は，時価で譲渡したものとみなされる（所得税法59条1項；所得税法施行令169条；地方税法附則35条の2第1項・5項）。そのような問題もあるので，弁護士のほか公認会計士，税理士にも相談するべきである。

設例31

株式併合によるスクイーズアウト

　私はX株式会社の代表取締役をしています。私と仲間たちでX株式会社の発行済株式総数の70％の株式を有していますが、25％の株式を甲グループの株主が有しており、甲グループの株主が少数株主権等を行使することをにおわせながら、X株式会社の経営に口出しをしてきます。甲グループの株主に口出しをさせないようにするために何か良い方法はないでしょうか。なお、X株式会社の発行済株式総数は１万株で、私は4,000株、取締役をしている私の子供は2,000株、取締役をしている私の義弟は1,000株を有しております。また、甲グループのAは800株を、Bは600株を、Cは500株を、Dは400株を、Eは200株を有しております。

　なお、X株式会社は、一種類の株式のみを発行している株券発行会社であり、株式の譲渡について、取締役会の承認が必要であるほか、単元株式制度は採用していません。

A　たとえば、900株を１株とする株式併合を行うことにより、甲グループの株主を会社の株主でなくなるようにすることができます。

解説

1 ┃ スクイーズアウト

　いわゆる「スクイーズアウト」をすることにより甲グループの株主を締め出すことが考えられる。この場合、株式併合が利用されるケースが多い。相手方の有する株式数が１株未満となるように「併合の割合」（会社法180条２項１号）を定め、自己の陣営の有する株式以外の株式を１株未満の端数にすることにより、自分サイド以外の株主を締め出すものである。

　平成26年の会社法改正以前は全部取得条項付種類株式を利用した複雑な方法でスクイーズアウトが行われることが多かった。上記改正以前から株式併合の手続きにより「スクイーズアウト」をすることも理論的には可能であったが、

株式併合の手続には少数株主を保護する定めが不充分であったので，「スクイーズアウト」が完了した後にその効力が争われることを恐れ，株式併合の手続がとられることは多くなかった。平成26年の会社法改正により，株式併合の手続に，事前開示手続（会社法182条の2），事後開示手続（会社法182条の6），株式の併合をやめることの請求（会社法182条の3），反対株主の端数株式買取請求（会社法182条の4）等規定の整備が行われることにより，上記のような危惧が少なくなり株式併合が利用されるケースが大幅に増加した［松尾拓也・若林義人・西村美智子・中島礼子『スクイーズ・アウトの法務と税務〔第2版〕』1頁］。株式会社の総株主の議決権の10分の9以上を相談者が有する場合には，特別支配株主の株式等売渡請求の制度（会社法179条以下）を使うことができる。〔設例32〕を参照されたい。

2 ▎株式の併合

（1）株式の併合の手続

　株式の併合とは，数個の株式（たとえば5株）を合わせてそれより少数の株式（たとえば1株）とする会社の行為である。株式の併合の手続は，以下に述べるとおりである。株式併合においては，「単元株式数を定款で定めていない会社及び単元株式数を定款で定めている会社で単元株式数に併合の割合を乗じた数に1に満たない端数が生じる株式会社」と「単元株式数を定款で定めている会社で単元株式数に併合の割合を乗じた数に1に満たない端数が生じない株式会社」とで違った扱いがされる（会社法182条の2第1項）が，本設例では「単元株式制度は採用していません」とのことであるので，前者に限定して解説する。

（ア）株主総会決議

　下記事項につき株主総会の特別決議（会社法180条2項，309条2項4号）が必要である。また，取締役は，その株主総会で株主併合をすることを必要とする理由を説明しなければならない（会社法180条4項）。理由の説明は具体的でな

ければならないが，客観的な合理性がある必要はない［山下2009，145頁］。

記
① 併合の割合
② 株式の併合が効力を生ずる日（効力発生日）
③ 株券発行会社が種類株式発行会社である場合には，併合する株式の種類
④ 効力発生日における発行可能株式総数

（イ）通知・公告

ⓐ　会社は，効力発生日の20日前までに株主に対して通知または公告をしなければならない（会社法181条，182条の4第3項）。

ⓑ　株券発行会社においては，上記ⓐのほか，株式併合の効力が生ずる日までに株券発行会社に対し株券を提出しなければならない旨を，当該日の1カ月前に公告するとともに株主および登録質権者に通知しなければならない（会社法219条1項2号）。株券は株券提出日に無効となる（会社法219条3項）。

（ウ）事前開示

　株式会社は，「株式併合をするための株主総会（会社法180条2項）または種類株主総会（会社法322条1項）の日の2週間前の日」と「株主に対する通知または公告の日（会社法182条の4第3項）」のいずれか早い日から効力発生日後6カ月を経過する日までの間，①併合の割合，②株式の併合が効力を生ずる日（効力発生日），③株式会社が種類発行会社である場合には，併合する株主の種類，④効力発生日における発行可能株式総数を記載した書面を本店に備え置かなければならない（会社法182条の2第1項）。

　株主は，会社に対して，その営業時間内は，上記書面の閲覧の請求をすることができる（会社法182条の2第2項）。

（2）併合の効力の発生

①　効力発生日

　株式併合の効力は，前記（1）（ア）②の日（効力発生日）に生じる（会社法182条1項）。この日に甲グループの株主は，一番多数の株式を有するＡも800株しか有しないところ，900株を1株にする株式併合であるので，全員が1株未満の株主となる。そのため後記（3）②または後記（3）⑤により金銭が交付されるだけとなり，「甲グループの株主に口出しをさせないようにする」との相談者の目的は達成される。なお，相談者のグループの株主は，最低の株式数である相談者の義弟も1,000株を有しているので，株式併合後も全員が株主として権利を行使できる。

②　株主名簿

　株式会社は，株主名簿に株主名簿記載事項（会社法121条）を記載する（会社法132条2項）。

③　発行可能株式総数

　発行可能株式総数は，効力発生日に前記（1）（ア）④（会社法180条2項4号）になる（会社法182条2項）。

（3）併合の効力発生後の処理

①　新株券の交付等

　株券発行会社（会社法117条7項）は，原則として効力発生日（会社法180条2項2号）後，遅滞なく併合した株式に係る株券を発行しなければならない（会社法215条2項）。公開会社でない株券発行会社においては，株主から請求がある時までは，株券を発行しないことができる（会社法215条4項）。ただし，前記（1）（イ）ⓑの株券提出の公告・通知に対して株券を提出しない者があるときは，会社は新株券の交付を拒むことができる（会社法219条2項）。

② 　1株未満の端数の取扱い

　株式の併合により1株未満の端数が生じる場合には，その端数の合計数（その合計数に1に満たない端数がある場合は，これを切り捨てる）に相当する数の株式を競売し，その代金を端数に応じて端数のある株主に交付する。裁判所の許可を得て会社が買い取ることもできる（会社法235条，234条2項ないし5項）。金銭を分配された株主は課税される（所得税法25条1項；所得税法施行令61条1項9号；法人税法施行令23条3項9号）。

　反対株主の株式買取請求権については，下記⑤（a）を参照されたい。

③ 　異議催告手続

　会社は，旧株券を提出できない者の請求により効力発生日後に，利害関係人（旧株券の善意取得者等）に対し，異議があれば3カ月を下らない一定の期間内に述べるべき旨を公告し，その期間内に異議を述べる者がなければ，請求者に対し新株券または売却代金を交付することができる（会社法220条）。

④ 　事後開示書類の備え置き・閲覧等

（a）　株式会社は，効力発生日後遅滞なく，株式の併合が効力を生じた時における発行済株式（種類株式発行会社にあっては，第180条第2項第3号の種類の発行済株式）の総数その他の株式の併合に関する事項として法務省令（会社法施行規則33の10）で定める事項を記載し，または記録した書面または電磁的記録を作成しなければならない（会社法182条の6第1項）。

（b）　株式会社は，効力発生日から6カ月間，（a）の書面または電磁的記録をその本店に備え置かなければならない（会社法182条の6第2項）。

（c）　株式会社の株主または効力発生日に当該株式会社の株主であった者は，当該株式会社に対して，その営業時間内は，いつでも，次に掲げる請求をすることができる。ただし，ⓑまたはⓓに掲げる請求をするには，当該株式会社の定めた費用を支払わなければならない（会社法182条の6第

3項)。

ⓐ 上記（ｂ）の書面の閲覧の請求

ⓑ 上記（ｂ）の書面の謄本または抄本の交付の請求

ⓒ 上記（ｂ）の電磁的記録に記録された事項を法務省令で定める方法により表示したものの閲覧の請求

ⓓ 上記（ｂ）の電磁的記録に記録された事項を電磁的方法であって株式会社の定めたものにより提供することの請求またはその事項を記載した書面の交付の請求

⑤ 1株未満の端数が生ずる株主の救済

（ａ） 反対株主の株式買取請求権

反対株主（会社法182条の4第2項）は，効力発生日の20日前から効力発生日の前日までの間に，会社に対し，自己の有する株式のうち1株に満たない端数となるものの全部（一部のみの請求はできない）を公正な価格で買い取ることを請求することができる（会社法182条の4）。

（ｂ） 株式の併合の差止め

株式の併合が法令・定款に違反する場合において，株主が不利益を受けるおそれがあるときは，株主は，会社に対し，当該株式の併合をやめること（差止め）を請求することができる（会社法182条の3）。

法令・定款に違反する場合としては，①株主総会決議の瑕疵，②通知・公告の瑕疵・虚偽記載，③併合の割合の不平等取扱い等がある。

少数株主を締め出すこと自体については，状況次第で，法令違反となり得る。

（ｃ） 株主総会決議取消しの訴え

（ｂ）で述べた，少数株主の締め出しについては，「特別の利害関係を有する者が議決権を行使したことによって著しく不当な決議がされたとして」決議が取り消されることがあり得る（会社法831条1項3号）。

設例32

特別支配株主の株式等売渡請求による
スクイーズアウト

当社はＡ株式会社の発行済株式総数の90％の株式を有しています。他の株主が存在するとやりにくいので，全株を所有したいと思っています。なお，Ａ株式会社の取締役と代表取締役は当社の従業員と兼務です。

A 特別支配株主の株式等売渡請求によるスクイーズアウトを行うべきです。

解説

1 ｜特別支配株主の株式等の売渡請求

特別支配株主の株式等の売渡請求とは，株式会社（対象会社）の特別支配株主（総株主の議決権の10分の9以上を有する者）が，会社の他の株主（売渡株主）に対して株式の売渡しを請求する制度である（会社法179条）。

他の少数株主権と違い，対象会社に対する権利ではなく，対象会社の他の株主に対する権利である。

相談者が株式等の売渡請求をしたければ，以下について定める必要がある（会社法179条の2）。

① 株式の対価として交付する金額またはその算定方法
② 売渡株主に対する金銭の割当てに関する事項
③ 取得日（特別支配株主が株式等を取得する日）
④ その他

特別支配株主は，対象会社に対して，上記定めの①ないし④を通知し，対象会社の承認を得なければならない（会社法179条の3）。

対象会社は，上記通知に対して承認するかどうかの決定をしたときは特別支

配株主に対してその内容を通知する必要がある（会社法179条の３第４項）。なお，取締役会設置会社では，承認するか否かについて取締役会決議が必要である（会社法179条の３第３項）。

　対象会社は，承認をしたときは売渡株主等に対して以下に定める事項を通知または公告しなければならない（会社法179条の４）。

① 　承認をしたこと

② 　特別支配株主の氏名または名称および住所

③ 　株式の対価として交付する金額またはその算定方法

④ 　売渡株主に対する金銭の割当てに関する事項

⑤ 　取得日（特別支配株主が株式等を取得する日）

⑥ 　その他

　対象会社は，上記の通知または公告のうち早い日から取得日後６カ月間（対象会社が公開会社でない場合は１年）を経過する日までの間，特別支配株主の氏名等を記載した書面を本店に備え置かなければならない（会社法179条の５第１項）。売渡株主等は上記書面の閲覧の請求等をすることができる（会社法179条の５第２項）。

2 ┃ 売渡株主の対策

（1）売買価格の決定の申立て

　売渡株主は，取得日の20日前の日から取得日の前日までの間に，裁判所に対して売買価格の決定の申立てをすることができる（会社法179条の８）。特別支配株主が定め対象会社が承認したものの，売渡株主は関与していないので，売渡株主に売買価格の決定の申立権を付与したものである。

（2）取得の差止め

　①株式売渡請求が法令に違反する場合，②対象会社が上記売渡株主等に対す

る通知をしない場合，③対象会社が書面の備え置き等をしない場合，④売渡株主に交付するものが対象会社の財産の状況その他の事情に照らして著しく不当である場合で売渡株主が不利益を受けるおそれがあるときは，売渡株主は特別支配株主に対して売渡株式の全部の取得をやめることを請求することができる（会社法179条の7）。

（3）取得の無効の訴え

特別支配株主による売渡株式の取得が違法になされた場合には，「売渡株式等の取得の無効の訴え」（会社法846条の2）によらなければ無効の主張ができない。

3 ┃ 効力発生

特別支配株主は，「取得日」に株式を取得する（会社法179条の9第1項）。

対象会社は，特別支配株主が取得した売渡株式数等を記載した書面等を作成し取得日から6カ月間（対象会社が公開会社でない場合は1年）本店に備え置かなくてはならない（会社法179条の10）。取得日に売渡株主であった者は，対象会社に対して閲覧等を請求できる（会社法179条の10第3項）。

設例33

新株発行による防衛

　自社の株式を買い集められた場合に，新株発行により会社を防衛する方法があるとのことですが，どのようにするのですか。その際，注意するべきことはどのようなことでしょうか。

　それに対して攻撃側から，どのような反撃が予想されるでしょうか。

A

　自分サイドの者に対する第三者割当増資が考えられます。注意するべきこと等については，解説を参照してください。

　その場合には，攻撃側が新株発行差止めの仮処分を申し立てる可能性が高いです。

解説

1 ┃ 防衛策の１つとしての新株発行

　会社が，自社の株式が買い集められていることを知った場合の防衛策の１つとして，新株発行が考えられるが，それには現経営陣が「自分たちに友好的な者に対してなす第三者割当増資」と「株主割当増資」がある。

2 ┃ 第三者割当増資

（1）募集事項

　株式会社は，その発行する株式または処分する自己株式を引き受ける者を募集しようとするときは，募集株式について，「募集事項」（会社法199条２項）すなわち，①募集株式の数，②募集株式の払込金額またはその算定方法，③金銭以外の財産を出資の目的とするときは，その旨と財産の内容および価額，④募集株式と引換えにする金銭の払込みまたは財産の給付の期日またはその期間，⑤増加する資本金および資本準備金に関する事項を定めなければならない（会社法199条１項）。

（2）「公開会社」でない会社

　ただ，上記決定は，公開会社でない会社では，株主総会の特別決議（会社法199条2項，309条2項5号）によらなくてはならないので，買収側に相当数の株式を買い進まれた後には発行決議が成立せず，有効な防衛策とはならない。

　しかし，攻撃側は，会社側が株主総会で特別決議をすることができるだけの株式数を確保していないので，会社は第三者割当増資をしないと，安心してはいけない。というのは，株主総会議事録が偽造されて発行済株式の総数（会社法911条3項9号）や資本金の額（会社法911条3項5号）の登記が変更されることもあり得るし，会社法に違反して，取締役会決議でそれらがなされることもあり得るからである。

　公開会社でない会社における株主総会決議を欠いた新株発行は，不存在ではなく無効である［東京地裁商事研2011b，610頁，628頁］。ただ，上記の新株発行の無効を攻撃側が主張するためには，新株発行無効の訴え（会社法828条1項2号）を提起する必要がある。しかも，新株発行無効の訴えは新株発行が無効だという原告の勝訴判決が確定しても遡及効がない（会社法839条，834条2号）。したがって，上記判決が確定するまでの間に，たとえば会社が株主総会において合併承認決議（会社法783条1項）をすると，その決議は，有効となる［東京地裁商事研2011b，605頁］。したがって，合併成立後に，株主総会決議がないことを理由として攻撃側が合併無効の訴え（会社法834条7号）を提起しても，棄却される。

　そこで，攻撃側とすれば，払込み（会社法199条1項4号）がされる前に，会社を債務者として新株発行差止めの仮処分（民事保全法23条2項：会社法210条，360条）を申し立てる必要がある。その際，第三者割当てを受けようとする者は債務者とならない［新谷2019，566頁］。これを認容する仮処分が下され，払込期日・払込期間内に（会社法199条1項4号）払込みがなければ，新株発行手続が完了しないので攻撃側は一安心である。

　ところが，会社がその仮処分を無視した場合には面倒なことになる。仮処分

命令に違反した新株発行は不存在ではなく無効となる（最判平成5年12月16日民集47巻10号5423頁）。したがって，攻撃側とすれば，新株発行無効の訴えを提起する必要があるが，勝訴が確定しても，上述のように遡及効がない（会社法839条，834条2号）ので，合併無効の訴え（会社法834条7号・8号）を提起しても，棄却される。

　そこで，会社が新株発行手続と合併手続を強行するようであれば，第三者割当てをされた株式について，その株主を債務者として合併承認決議をなす株主総会における議決権行使禁止の仮処分を申し立てる必要がある。この仮処分に違反した場合の決議の効力については，会社を債務者としなかった場合に有効とした判例（横浜地判昭和38年7月4日判タ151号163頁）はあるものの，会社が仮処分に対する保全異議（民事保全法26条）や保全執行の停止（民事保全法27条）等の救済手段を利用せずに株主総会の開催を強行した場合には，当該株主総会決議は取り消しうべき決議となると解する余地がある［東京地裁商事研2011a，442〜443頁］。そう解すると，株主総会決議取消判決には遡及効がある（会社法839条，834条17号）ので，合併登記までは株主総会決議取消しの訴え（会社法834条17号）を，合併登記後は合併無効の訴え（会社法834条7号）を提起し，合併自体を争う余地があると思われる［江頭2021，384頁（7）］。

　以上のような問題があるので，攻撃側は，常に会社の動きを注視しておく必要がある。

（3）公開会社

　「公開会社」（会社法2条5号）が譲渡制限株式以外の株式を発行することは，以下のとおり有効な防衛策となり得る。すなわち，「公開会社でない会社」と違い，第三者割当増資の「募集事項」に関する決議が原則として取締役会の決議で足りる（会社法199条2項，201条1項）からである。ただし，払込金額が引き受ける者に特に有利な金額である場合は，株主総会の特別決議が必要であり（会社法201条1項），有効な防衛策とはなり得ない。ただ，「特に有利な金額」であるかどうかは，最終的には裁判所が判断することであるので，会社が「特

に有利な金額」ではないと判断する払込金額により，現経営陣に友好的な者に
対し第三者割当増資をするという防衛策が考えられる。また，払込金額が引き
受ける者に特に有利な金額である場合に株主総会決議がなかったとしても，無
効事由とはならない（最判昭和46年7月16日判時641号97頁）。なお，差止め事由
にはなる。

　なお，譲渡制限株式とそれ以外の株式を発行する旨の定款の定めがある公開
会社である種類株式発行会社の譲渡制限株式を発行する場合には，上記のよう
に株主総会決議は不要であるものの，譲渡制限株式の種類株主総会決議が必要
であるので（会社法199条4項，324条2項2号），有効な防衛策とはならない。

　この第三者割当増資には，基準日（会社法124条1項）以後になしても，一定
の場合には会社の判断で株式を割り当てられた者に株主総会で議決権を行使さ
せることができるという利点もある。すなわち，たとえば3月決算で6月に定
時株主総会を開催する会社においては，決議に関する基準日は通常定款により
3月末日と定められている（会社法124条3項ただし書）ことが多い。この場合，
基準日後である4月に第三者割当増資がなされても，会社が決定（取締役会決
議。［相澤2006］132頁）すれば，第三者割当てを受けた株主を株主総会におい
て決議に参加させることができる可能性がある（会社法124条4項）。

3 ┃ 攻撃側の対応

（1）募集株式の発行の差止め

　会社側のこのような防衛策に対する攻撃側の対応として考えられるのは，①
会社の支配権を獲得するために，自分サイドの者に対して新株を発行すること
や自己株式を処分することが著しく不公正な方法であることを理由として（会
社法210条2号），また，②会社の定めた払込金額が引き受ける者にとって特に
有利なものであるのにもかかわらず，株主総会の決議を経ないでなされた株式
の発行または自己株式の処分が法令または定款に違反することを理由として
（会社法201条1項，210条1号），募集株式の発行等をやめることを会社に対して

請求することである。

攻撃側は，上記について本訴を提起しても時間的に間に合わないので，実務的には会社を債務者として会社法210条の差止請求権を被保全権利とする募集株式の発行等差止めの仮処分（民事保全法23条2項）を申し立てるのが通常である［江頭2021，804頁］。仮に，仮処分の決定前に実際に新株発行がなされてしまうと，第三者割当増資を無効にすることができなくなるので，仮処分の申立てを急ぐ必要がある。

すなわち，株式の発行等に法律上の瑕疵がある場合に無効の一般原則によると，誰でもいつでも無効を主張できることとなり，法的安定性を害することになる。そのため会社法は，法的瑕疵があっても実際に株式の発行等がなされてしまった場合，その発行を争うためには新株発行無効の訴え（会社法828条1項2号・2項2号）または自己株式処分無効の訴え（会社法828条1項3号・2項3号）を提起するしかないこととした。前者については株式発行の効力を生じた日から6カ月以内（公開会社でない会社では1年以内）に訴えを提起する必要がある。後者については自己株式の処分の効力が生じた日から6カ月以内（公開会社でない会社では1年以内）に訴えを提起する必要がある。

募集の手続きもなく単に変更登記のみがなされている場合等，募集株式の発行等の実体が存在しない場合は新株発行自体が不存在であり，そのことは誰から誰に対しても，いついかなる方法でも主張できるほか，新株発行の不存在の確認の訴え（会社法829条）を提起することができる。上記訴えについては，出訴期間の制限はない（最判平成15年3月27日民集57巻3号312頁）。

新株発行無効の訴えの「無効事由」の内容は条文上明確に規定されておらず解釈問題であるところ，判例・学説は，新株発行の効力または自己株式処分の効力が発生する以前になされる新株発行等の差止め（会社法210条）については差止めを広く認めているのに対して，新株の発行または自己株式の処分が実際になされてしまった後の新株発行無効の訴えや自己株式処分無効の訴えについては，株式譲受人の取引安全の要請と資金調達を前提になされた発行会社の事業活動に対する影響の大きさを理由として，無効事由を狭く解釈している。そ

の結果，いったん新株発行または自己株式の処分がなされてしまうと，有利発行についても（最判昭和46年7月16日判時641号97頁），不公正発行についても（最判平成6年7月14日判時1512号178頁；最判平成9年1月28日民集51巻1号71頁），無効とはならない。ただ，発行された株式が割り当てられた者の手元に留まっている場合については，取引安全の要請が後退するので，無効原因を狭く解する必要はないとする学説［鈴木竹雄「新株発行の差止と無効」『商法研究Ⅲ』233頁，有斐閣・1971］もあり，著者もそれに賛成であるが，最高裁判例（最判平成6年7月14日判時1512号178頁）はその立場をとらない［江頭2021，806頁注(2)］。

　上述の（1）①の不公正発行については，会社の株式募集の動機のうち，議決権の過半数を確保する等不当な目的が他の動機に優先する場合には差止めを認め，その他の場合には差止めを認めないという考え方（「主要目的ルール」と呼ばれる）が裁判例（札幌地決平成20年11月11日金判1307号44頁）では有力である。しかも，会社が「資金調達の必要性」があることを疎明すれば，不当な目的がないと認定し，差止めを認めないケースが多かった。そのため，敵対的買収の気配を感じた段階で会社が新株発行等をしようと考えた場合には，敵方が新株発行中止の仮処分を申し立てた場合に新株発行について「資金調達の必要性」があると主張するために，事前に取締役会決議等により資金調達の必要がある事業計画を策定することもあったようである。実際に，特定の事業のため資金調達の必要性があるという理由で新株発行差止めの仮処分申請が裁判所に却下されたのにもかかわらず，結局その事業が開始されなかった事例もある。

　上述の（1）②の有利発行については，「会社の定めた払込金額が特に有利なものである」かどうかが問題となる。

　まず，株式価格の算定方法として次のようなものがある。すなわち，（イ）配当還元方式（将来の各事業年度における1株当たりの予想配当額を一定の資本還元率で還元する方式），（ロ）収益還元方式（将来の各事業年度における法人税課税後の1株当たりの予想純利益を一定の資本還元率で還元する方式），（ハ）類似会社（業種）比準方式（類似性の高い上場会社の株式相場，類似性の高い業種の株式相場の平均と比較して，特定の算式により算出する方式），（二）取引先例価格方式（過

去に取り引きされた実例を先例として価格を決定する方式），（ホ）純資産価額方式
（決算貸借対照表の純資産を発行済株式総数で除して計算する簿価純資産価額方式と，
時価で計算した会社の純資産を発行済株式総数で除して計算する時価純資産方式と
がある），（ヘ）国税庁方式（「相続税財産評価に関する通達」が定める方式であり，
会社の規模を大会社，中会社，小会社に分け，大会社には類似業種比準方式，中会
社には類似業種比準方式と純資産価額方式との併用方式，小会社には純資産価額方
式を適用する），または上記方式のいくつかを一定割合で加重平均する方式であ
る。

　非上場会社の株式の評価額を述べた最高裁判例はなく，下級審裁判例・学説
にも定説はない［東京地裁商事研 2011b，575頁］。

　したがって，会社がある程度合理的な評価方法をとっている場合には，特に
有利な金額であることを攻撃側が疎明することは，事実上困難であることが多
い［東京地裁商事研2011b，576頁；江頭2021，800頁］。

（2）会社の対応

　会社とすれば，新株発行差止めまたは自己株式処分の差止めの仮処分決定が
下される前に，株式発行または自己株式処分の効力を発生させることが重要で
ある。株式発行または自己株式処分の効力は，払込期日（会社法199条1項4号）
を定めたときには当該期日（会社法209条1号），払込期間（会社法199条1項4
号）を定めたときには出資の履行をした日（会社法209条2号）である。その日
を経過すれば，新株発行差止めまたは自己株式処分の差止めの仮処分を申し立
てても間に合わないので，攻撃側は遅くともその日の前日までに申し立てる必
要がある。実際には仮処分を申し立てても，通常は審尋が行われるので仮処分
の決定が下されるまでに時間がかかるため，余裕を持って申し立てる必要があ
る。

　会社として仮処分決定が下されないようにするためには，「新株発行等を相
手方が知る時期」と「その効力が発生する時期」とを近接させることが有効で
ある。

　まず，攻撃側またはそれと親密な者が発行会社の取締役や監査役であれば，取締役会で新株発行等を決議すれば，攻撃側はすぐ知ることになる。したがって，敵方がその直後に弁護士に依頼し新株発行等の差止めの仮処分を申し立てることが充分考えられるので，相手方が準備できる期間を少しでも短くするために，株式発行等の効力が発生する払込期日をできるだけ早くする必要がある。そのほか，新株発行につき準備が完了した段階で取締役会に付議するべきである。そのほか，相手方が仮処分を申し立てた場合に有効な反撃ができるように，あらかじめ会社法に詳しい弁護士の手当てもしておくべきである。また，公開会社は払込期日の 2 週間前までに「募集事項」（会社法199条 1 項・ 2 項）を株主に通知しなければならない（会社法201条 3 項）ので，できれば取締役会当日に通知をなすべきである。また，上記通知は公告で代替することができる（会社法201条 4 項）。非上場会社では官報で公告をすること（会社法939条 1 項 1 号）が多いが，官報を毎日確認している者は少ないので，公告の方が相手方に気づかれにくい。したがって，会社としては，通知ではなく公告をするべきである。逆の立場の株主は，官報等の公告を毎日チェックしておくべきである。

　相手方が取締役・監査役でない場合は，取締役会決議の内容が敵方に漏れる時期をできるだけ遅くするよう気をつける以外は，相手方が取締役等である場合と同様である。

　なお，公告は公告予定日の約 1 週間くらい前に官報公告所に予約しておく必要がある。

　この通知・公告を欠くと，本来であれば新株発行後や自己株式処分後は無効原因とならない有利発行や不公正発行という新株発行手続の瑕疵が無効原因となるので，注意を要する（最判平成 9 年 1 月28日民集51巻 1 号71頁；最判平成10年 7 月17日判時1653号143頁）。そのように解されるのは，募集事項の通知・公告がなされない場合には株主の株式の発行等の差止請求権（会社法210条）の行使の機会が失われるからである。

4 ▎株主割当増資

　株主割当増資について具体例に基づいて説明する。たとえば，A株式会社の発行済株式のうち甲グループが51％を，乙グループが49％を所有しており，A株式会社の取締役会の過半数を占めるのは甲グループであるとする。また，この場合には甲グループは株主総会の特別決議（会社法309条2項）を必要とする定款変更，合併，株式交換等をすることができないので，甲グループの持株割合を発行済株式の3分の2超にしたいとする。このとき，A株式会社が甲グループの者に対して第三者割当増資をしようと考えても，A株式会社が公開会社でない会社であれば株主総会の特別決議が必要であるので（会社法199条2項），不可能である。なお，それでも第三者割当てをすることが事実上可能な場合があることについては2（2）に述べた。

　旧商法下では，株主割当増資については取締役会の決議で足りた（旧商法280条ノ2）。そこで，仮に，現経営陣側である甲グループに資力があって，乙グループにそれほどの資力がないのであれば，乙グループが応じられないような払込額で株主割当増資をした場合，乙グループが増資に応じることができず，結果的に甲グループのみが株式数を増加するという方法があった。しかし，会社法下では公開会社でない会社では，株主総会の特別決議が必要となり（会社法199条，309条2項5号），その方法をとることはできなくなった。

　ところが，会社法下でも旧商法時代に設立された譲渡制限会社の定款には，取締役会が決議するという会社法202条3項2号の定めがあるものとみなされる（会社法の施行に伴う関係法律の整備等に関する法律76条3項）。これは，会社法制定前の株式会社の法制を維持するためである［江頭2021，768頁注（5）］。その結果，旧商法時代に設立された会社は，株主総会ではなく取締役会の決議で株主割当増資をすることができ，旧商法下と同様に，防衛策の1つの選択肢になり得る。

　ただ，株主総会決議でなすにせよ取締役会決議でなすにせよ，相手方を失権させることの目的があまりに明白であれば，著しく不公正な方法によるものと

して株式の発行をやめることを請求される可能性がある（会社法210条 2 号）。この場合，資力のない乙グループが株主割当てに応じることができず失権することにより，株主割合は減少するというマイナスも同グループに生じるが， 1 株当たりの純資産額が増加し自分の持株の金銭的価値が増大するというプラスも併存するので，このプラスをどう評価するかにより「著しく不公正な方法」と言えるかどうかが違ってくるかもしれない。

　たとえば，発行済株式総数100株で，甲グループが51株，乙グループが49株を所有しており， 1 株当たりの純資産額が 1 万円だったとする。この場合に取締役会が株主割当ての際の払込金額（会社法199条 1 項 2 号）を100万円と決議し，甲グループが51株につき申し込み，乙グループが申し込まなかったとする。この結果，甲グループの持株数は102株となり，乙グループの持株数は49株のままであり，甲グループの持株割合は約68％に増加する。しかし乙グループは 1 円も払い込んでいないが， 1 株当たりの純資産額は（100万円＋100万円×51株）÷151株≒344,371円となり，大幅に増加する。

　これに関する判例文献はないようである。

5 ┃新株発行差止めの仮処分決定に違反した新株発行

　上記の仮処分申請が認容され新株発行差止めの仮処分決定が下されたにもかかわらず，新株が発行された場合，その新株発行には無効原因（会社法828条 1 項 2 号・ 3 号）があると解される（最判平成 5 年12月16日民集47巻10号5423頁）。

　学説には，無効説，有効説，折衷説があるが，不存在説はないようである〔『会社法判例百選〈第 4 版〉（別冊ジュリスト№.254）』202頁；東京地裁商事研2011b, 569頁〕。著者は，無効説が妥当だと思うが，〔設例44〕で述べるように，株主総会開催禁止の仮処分に違反してなされた株主総会決議に関しては不存在説もあるので，本件についても不存在説の余地もあると考えている。

設例34

株主総会決議の不存在により現取締役の地位が問題となった場合の対策

　私は，中小企業であるＡ株式会社の代表取締役をしています。同社は私の父が設立した会社で，20年程前に父が死亡したので，私が承継しました。取締役は，長男の私と私の妻の甲と次男の乙の３人です。実際には私と甲とで経営してきました。株式は私が49％，甲が16％，乙が35％を有しています。乙は，従来会社の経営には全く関与してこなかったのですが，35％の株主ですし，定職がありませんので，Ａ株式会社はそこそこの取締役報酬を支払ってきました。

　小さな会社ですので，父が死亡し，私が代表取締役になってからは株主が集まるという株主総会を開いたことはありません。取締役の就任登記を法務局に申請するために株主総会議事録を添付する必要がありますが，実際に開催したかのような議事録を作成しそれを添付していました。そのことは乙もよく知っていますのに，最近になって，乙は「従来株主総会を開いていなかったので，私も兄さんも取締役の資格はないよ」と言い始めました。どうしたらよいでしょうか。

Ａ　　まず，お父様から承継した後の株主総会が全員出席総会と考える余地がないかどうか検討するべきです。

　その余地がなければ，少数株主により招集した株主総会で，新たにあなたと甲とあなたの信頼できる人を取締役に選任することが考えられます。

解説

1 ┃ 株主総会の不開催

　相談者の父親の死亡後，株主総会が実際に開催されたことがなかったのであれば，その株主総会決議は不存在である（最判昭和38年８月８日民集17巻６号823頁）。「その不存在決議により選任されたとする取締役」により構成される

取締役会には，株主総会を招集する権限がない。したがって，その取締役会決議に基づき招集されたなど株主総会でなした取締役選任決議も「いわゆる全員出席総会においてなされたなど特段の事情がない限り」不存在であるので（最判平成2年4月17日民集44巻3号526頁），その後，何回株主総会を開催したとしても，「現在取締役として行動している者」は取締役とは言えない。

　ただ，現在の取締役を選任した株主総会が，「株主全員の同意により，招集手続を省略した株主総会（会社法300条）」であるとか，いわゆる「全員出席総会」であると解する余地がないかどうか検討してみるべきである。その余地があれば，現在の「取締役」が取締役であるとして対処することも考えられる。

2 ┃ 株主総会の開催

　上記のように問題となる株主総会決議が有効だと解する余地がなければ，新たに株主総会を開催し，株主総会決議により自分たちが取締役に就任する必要がある。そのためには，株主総会を開催する必要がある。ところが，現取締役は法律上の取締役ではないので，株主総会を招集しても，その株主総会決議は不存在となってしまう。

　それを免れるためには，2つの方法が存する。①全員出席総会を開催すること，または，②裁判所の許可により株主が株主総会を招集することである。

　相談者と乙との関係からすると，①に乙が協力する可能性は低いものと考えられる。

　そこで，相談者は100分の3以上の議決権を有するのであるから，②の方法をとるべきである。まず，取締役選任を議題とする株主総会の招集をA株式会社に対して請求する（会社法297条1項）。A株式会社が遅滞なく株主総会の招集手続をとらない場合には，相談者は裁判所の許可を得て株主総会を招集することができる（会社法297条4項）。相談者と甲とで取締役会の過半数を有するので，その2人が賛成しない限り株主総会が招集されることはない。そこで相談者が株主として裁判所に株主総会の招集許可を申し立てる。その許可が下されれば，相談者が株主総会を招集すればよい。相談者は取締役としてではなく，

裁判所の許可を得た少数株主として株主総会を招集するのであるから，その株主総会決議には瑕疵がない。

　相談者と甲とで65％の株式を有するから，相談者と甲のほか信頼できる者を取締役に選任すればよい。

第3章

攻撃・防衛を問わない方法

設例35

株式の売却

　私（甲）はA株式会社の代表取締役社長を長らくしていましたが，最近解任されました。A株式会社は，今は亡き私の父親が設立した会社です。父は約20年前に亡くなるまでA株式会社の代表取締役社長をしていましたが，遺言でA株式会社の株式100株のうち40株を長男の私に，30株を次男の乙に，30株を三男の丙に残してくれました。父の死後，私が代表取締役社長を，次男が専務を，三男が平取締役をしていました。最近私と乙・丙の仲が悪くなり，半年前に取締役会で私が社長を解任され，乙が代表取締役社長に，丙が専務になり，私は平取締役です。私の解任前は，私の月給は月150万円，乙の月給は100万円，丙の月給は80万円でしたが，私の解任後に開催された株主総会後の取締役会の決議により，私の月給は月10万円，乙の月給は170万円，丙の月給は150万円となりました。

　役員退職金規程がありますので，それに従った退職慰労金を支払ってくれと，乙・丙に要求しましたが拒絶されました。月10万円では生活できないので，私の所有している株式40株を1株250万円，合計1億円でA株式会社，または乙，または丙が購入してくれと依頼しました。

　乙・丙は，最初拒否していましたが，1株10万円で合計400万円なら，A会社または乙・丙が購入してもよいと答えました。私が，もう少し高くならないかと言いましたところ，乙・丙は1株100万円にするのなら10株しか買えないと言っています。当面の生活費が必要なのでそれに応じようかと思っていますが，どうでしょうか。

　A　退職慰労金については，会社の株主総会で決議されなければ支払うことはできません。その内容については〔設例24〕をご覧ください。

　微妙なケースですが，今回相手方の申出に応じて10株を売却した場合には，今後，残りの30株を買い取ってもらえない可能性が高いので，応じるかどうかよく考える必要があります。

解説 ··

　支配権獲得戦で勝負が決まると，勝者が敗者の有する株式を購入する形での

和解が成立することが多い。というのは，敗者が単独株主権や少数株主権を行使することを勝者が恐れるのと，敗者は，少数株主のままでは取締役になることができないほか，日本の中小企業では配当がないことも多いので，株主でいることの経済的メリットが少ないことが上記の和解が成立する動機の1つとなるものと思われる。勝者が，敗者による単独株主権や少数株主権の行使を気にしないという場合には，和解が成立しなかったり，成立したとしても株式の譲渡代金が極めて安くなったりすることが多い。

　ただ，敗者が発行済株式の3分の1超を有する場合には，和解が成立する可能性が高い。というのは，その状態のままでは，多数派は特別決議（会社法309条2項）をすることができず，会社経営に支障が生じるからである。

　設例の件では，支配権獲得戦が具体化していないので，単独株主権や少数株主権の行使を乙・丙が嫌がって株式の購入をするかどうかは，必ずしも明らかではない。しかし，相談者（甲）が40%の株式を有するので，相談者（甲）の協力がなければ，特別決議を成立させることができない。したがって，乙・丙とすれば，両者で3分の2以上の株式を有したいと考えるのは自然のことである。

　少し設例を変更し，甲が30株，乙が30株，丙が30株，丁が5株，戊が5株を所有している場合について検討する。甲が現状では30%であるが，丁または戊と連携することにより3分の1以上となることによりバーゲニングパワーが著しく増加するので，連携を目指して丁または戊と交渉することが考えられる。

　今回の乙・丙による10株購入の申出につき，甲とすれば，今回この段階で1株の譲渡代金の値上げ交渉をすることも考えられる。満足できる額の提示があれば，それに応じることも一法である。ただその後，残り30株について高額で買い取ってもらえる期待は薄いことを前提として決定する必要がある。というのは，10株を乙・丙が購入すれば，乙・丙は特別決議をするのに必要な株式数を獲得したことになり，それ以上の株式を取得する利益は甲の単独株主権や少数株主権の行使を防ぐことのみとなり，甲のバーゲニングパワーが小さくなるからである。

設例36

譲渡制限株式の譲渡の手続

譲渡に発行会社の承認を必要とする株式について，手続とポイントを教えてください。

A　解説を参照してください。

解説

1 ┃ 譲渡制限株式

　譲渡制限株式とは，株式会社がその発行する全部または一部の株式の内容として，譲渡による当該株式の取得について当該株式会社の承認を要する旨の定めを設けている場合における当該株式である（会社法2条17号）。

2 ┃ 譲渡承認請求の手続

　譲渡制限株式の株主は，その株式を他人に譲渡しようとする場合には，会社に対してその他人がその株式を取得することについて承認するか否かの決定をすることを請求できる（会社法136条）。また，譲渡制限株式を取得した株式取得者も，会社に対してその取得したことについて承認するか否かの決定をすることを請求できる（会社法137条）。そのいずれにおいても，請求者は会社がそれを承認しない場合には，当該会社または会社の指定する指定買取人（以下「指定買取人」という）が買い取ることを請求できる（会社法138条1号ハ・2号ハ）。

　上記の請求においては，譲渡代金を明らかにする必要はない（会社法138条）。これは，会社は誰が新しい株主になるかについては関心があるが，譲渡金額については関心がないからである。

　取締役会設置会社が譲渡を承認するか否かを決定するには，定款に別段の定

めがない限り，取締役会の決議によらなければならない（会社法139条1項）。取締役会決議では，株式譲渡の当事者が取締役であれば，特別利害関係人（会社法369条2項）に該当し，議決に加わることはできない［江頭2021，239頁注（3）；稲葉1992，711頁］。なお，譲受人である取締役に限り特別利害関係人に該当するという学説もある［稲葉1990，108頁］。

　甲がA株式会社の取締役であるとする。甲がB株式会社からA株式会社の譲渡制限株式を取得する場合の取締役会決議では，甲は特別利害関係人に該当する。甲がA株式会社の譲渡制限株式をB株式会社に譲渡する場合も同様である［江頭2021，239頁］。

　上記の場合において甲ではなく甲が代表取締役を務めるC株式会社が当事者となる場合については裁判例や学説は見つからないが，C株式会社とその代表取締役である甲とは利害関係が相当程度一致しているので，甲は特別利害関係人に該当すると解するべきだと思われる。また，甲が全株式を所有するD株式会社が当事者となる場合についても同様である。甲がD株式会社の株式を，全株ではないが過半数を所有する場合については，今後の検討を待つ。

　なお，取締役が甲，乙，丙の3名で，甲，乙がその所有する株式を譲渡することについて取締役会で決議をする場合には，同時に決議するのではなく，甲の譲渡についての決議と乙の譲渡についての決議を別々にする。すなわち，甲の譲渡についての決議では甲は特別利害関係人として決議に参加せず，乙，丙が決議に参加し，乙の譲渡については甲，丙が決議に参加する。

　譲渡承認請求について会社が決定をしたときは，譲渡を承認するか否かを問わず，譲渡承認の請求をした者に対して決定の内容を通知しなければならない（会社法139条2項）。請求された日から2週間以内にその通知をしなかった場合には，会社は譲渡承認の請求を承認したものとみなされる（会社法145条1号）。

3 ▌株式買取請求

（1）手　　続

　株主または株式を取得した者が譲渡承認請求をする際，「会社が承認しない場合には会社等が買い取ること」を請求すれば，会社は，株式の譲渡を承認しない場合にはその株式を自ら買い取る義務がある（会社法140条1項）。会社または指定買取人による買取請求は，法律上は書面による必要はないが，実務上は内容証明郵便でなされる。供託を証明する書面である供託書正本［元木1995，234頁］は内容証明郵便に同封することができないので，別便の書留で郵送しその旨を内容証明郵便に記載する。

　その場合には株主総会の特別決議が必要であるところ（会社法140条2項，309条2項1号），譲渡承認の請求をした者は議決権を行使することはできない（会社法140条3項）。ただし，それ以外の株主の全部がその株主総会で議決権を行使できないときには，譲渡承認の請求をした者は議決権を行使することができる（会社法140条3項ただし書）。

　また，この場合には株主に交付する金銭等の帳簿価額の総額は，分配可能額（会社法461条2項）を超えてはならない（会社法461条1項1号）。これに違反した場合には株主，業務執行者（会社法2条15号，462条1項；会社法施行規則116条15号；会社計算規則159条1号）は，帳簿価額に相当する金銭を会社に対して支払う義務を負う（会社法462条1項）。

　なお，譲渡承認請求を受けた会社は，株式の譲渡を承認しない場合に自社が買取りをしないで，その全部または一部を買い取る者を指定することができる。この決定は，定款に別段の定めがない限り，取締役会設置会社では取締役会の決議，それ以外の場合には株主総会の決議による必要がある（会社法140条5項）。

　たとえば，株主が所有する6,000株について会社に対して譲渡承認の申請をし，その際承認しない場合には株式を買い取ってほしいと請求したときに，会社が譲渡を承認せずに2,000株を買い取り，甲を4,000株買い取る者と指定する

ことは，まったく問題がない。

　ところが，会社が2,000株を買い取り，3,000株を買い取る者として乙を指定し，さらに残る1,000株を買い取る者として丙を指定することは許されるであろうか。旧商法下では，株主にとって手続が煩雑となることを理由として，申出のあった株式について分割して複数の者を買取人として指定することは，原則として許されないと解されていた［上柳1986，98頁］。

　会社法下でも，請求者に手間をかけることを理由として，請求者の同意がない限り複数を指定することは許されないと解されている［江頭2021，242頁；酒巻2008a，316頁］。

　会社または指定買取人は，譲渡承認等請求者に対して買い取る旨の意思表示をする場合には買い取る株式数等を通知するほか，1株当たりの純資産額（「①資本金の額，②資本準備金の額，③利益準備金の額，④会社法第446条に規定する剰余金の額，⑤最終事業年度の末日における評価・換算差額等に係る額，⑥新株予約権の帳簿価額」の合計額から，「⑦自己株式及び自己新株予約権の帳簿価額の合計額に掲げる額」を減じて得た額（零未満のときは零））に株式数を乗じた額を供託し，供託を証明する書面を譲渡承認等請求者に交付する必要がある（会社法141条2項，142条2項；会社法施行規則25条）。

（2）問　題　点

　上述のように譲渡につき会社が承認しない場合には会社または指定買取人が買い取ることを，上記請求者が請求することができる。その請求をした場合，会社が譲渡を承認しなければ，最終的には株主と会社または指定買取人との間において対象株式の売買契約が成立し，株主は自分が売りたい者に売ることができなくなるほか，譲渡人と譲受予定者との間で約束した譲渡金額も意味がなくなるので，注意を要する。

　旧商法時代ではあるが，著者には次のような経験がある。

　著者に依頼した甲は譲渡制限株式を乙に1株1万円で譲渡することを希望しているが，会社が承認しない場合にはそのまま自分で所有し続けるつもりでい

た。この 1 万円という額は，普通に評価した場合より大幅に高いものであった。ところが，会社から交付された譲渡承認請求の用紙では，会社が当該譲渡を承認しない場合には当該会社または指定買取人が買い取ることを請求することとなっていた。甲は用紙の内容を細かく読まず，買取請求のことを意識しないでその用紙に署名し会社に提出したところ，当該会社は譲渡を承認せず，丙，丁という 2 名の買取人を指定し，それぞれが譲渡等承認を請求された株式の 2 分の 1 ずつを買い取ることを指定した（旧商法204条ノ 3 第 1 項〔会社法142条 1 項〕）。丙および丁は，売買価格の決定を求める申立て（旧商法204条ノ 4 第 1 項〔会社法144条 7 項・ 2 項〕）を地方裁判所に対してなしたが，複数の買取人を指定したのは違法無効であるとして却下された。この結果，乙に対する譲渡は承認されたものとみなされた（旧商法204条ノ 3 第 5 項，204条ノ 2 第 7 項〔会社法145条 2 項〕）。

　これは，会社が判例や学説を研究せずに買取人を 2 名指定したので，甲は幸いにも目的を達成したが，もし会社が 2 名ではなく 1 名だけを指定していれば，売りたくない者に売らざるを得なくなっていた。しかも，その 1 万円という値段について指定買取人が納得せず，裁判所に対して売買価格決定の申立て（会社法144条 2 項）がされた場合， 1 万円より大幅に安くなる可能性が高かった。

（3）供 託 金

　上記（ 1 ）で述べたように会社または指定買取人は買取りの通知の際，供託をする必要がある（会社法141条 2 項）ところ，実務において誤った額を供託するケースがときどき見られる。供託金額が多過ぎる場合は通知の効力には影響がないが，本来供託するべき金額に不足する場合には買取りの通知が原則として無効となるので，注意する必要がある。ただ，少ない場合でも，不足割合が僅少なときには供託が有効とされることがある（大阪地判昭和53年11月22日下民29巻 9 ＝12号319頁）。

　著者は，旧商法時代に，相手方が供託金額を間違った 2 つの事件に遭遇したことがある。当時は，最終の貸借対照表により会社に現存する純資産額を発行

済株式の総数で除した額に株式数を乗じた額を供託する必要があったところ（旧商法204条ノ3第3項），その額が不足していたことが2回あったのである。

　1つ目の事件は単純な計算ミスであったようであり，誤差もそれほど多くなかったが，正しい額より供託金額が少なかった。最終的には和解が成立したので，裁判所が供託の有効性について判断する機会はなかった。

　2つ目の事件（上記（2）の事件）は，純資産額を計算するために資産の部を計算する際に，繰延資産の額を入れずに計算していたものである。確かにそのように計算する学説もあったが，それを支持する判例もないほか，学説も非常に少なかった。供託する側とすれば，自分が正しいと思う説に従って計算した額が判例・通説に基づいて計算した額より少ない場合は，判例・通説に従うべきである。そうしなければ，供託金額が不足し供託の効力が発生しないと判断される可能性が高いからである。

　前述のように，会社が指定買取人として2名を指定したことを理由として売買価格の決定を求める申立てが却下されたため，供託金額の問題について裁判所は判断しなかった。

　なお，旧商法下では，1株当たりの供託額が，「最終の貸借対照表により会社に現存する純資産額を発行済株式の総数をもって除したる額」（旧商法204条ノ3第3項）という抽象的な文言により定義されていたため，繰延資産の額を入れるかどうかという問題が発生した。しかし，会社法では，（1）で述べたように具体的な文言になっているため，そのような問題は発生しない。

　発行会社が譲渡承認等請求者に対して買い取る旨の通知をした場合（会社法141条1項）および指定買取人が譲渡承認等請求者に対して買い取る旨の通知をした場合（会社法142条1項）には，会社・指定買取人と譲渡承認等請求者との間に対象株式の売買契約が成立する。したがって，それ以降は双方ともに一方的に売買契約を解除することはできない（仙台高決昭和63年2月8日判時1272号136頁；大阪高判平成元年4月27日判時1332号130頁）［江頭2021，244頁］。

　上記買取りの通知があった場合には，発行会社・指定買取人と譲渡承認等請求者との間の協議によって売買価格を定める（会社法144条1項・7項）。上記

通知があった日から20日以内に裁判所に対して売買価格の決定の申立てをすることができる（会社法144条2項・7項）。その間に申立てがなければ，会社または指定買取人が供託するべき額をもって売買価格とする（会社法144条5項・7項）。

　裁判所は，譲渡承認請求の時における会社の資産状態その他一切の事情を考慮して決定する（会社法144条3項・7項）。この場合，裁判所は分配可能額（会社法461条2項）を考慮せず売買価格を決定しなければならないと解されている［東京地裁商事研2009，85頁］。ただ，このように解すると，裁判所の上記決定に基づいた価格で取締役が自己株式を取得した場合，取締役が会社法462条の責任を負うのかどうかが問題となる。条文からすればそうなると思われるが，取締役にとって酷な解釈だと思われる。また，会社法462条により株主にも代金の全部または一部について返還義務が認められることになり，上記の自己株式を安い価格で買い取られることになり，上記の解釈と根本的に矛盾すると思われる。

　対象株式が株券発行会社の株式である場合には，譲渡承認等請求者は会社または指定買取人から供託したことを証する書面の交付を受けた日から1週間以内に株券を会社の本店所在地の供託所に供託し，供託したことを遅滞なく通知しなければならない（会社法141条3項，142条3項）。上記期間内に譲渡承認等請求者が株券を供託しない場合には，株券発行会社も指定買取人も売買契約を解除することができる（会社法141条4項，142条4項）。契約を解除した結果，譲渡承認申請以前の状態に復帰するのである。

設例37

株式譲渡の対抗要件

　定時株主総会の基準日（3月末日）より前に甲が乙に株式を譲渡しましたが，株主名簿は甲のままです。6月に開催される定時株主総会で議決権を行使できるのは，甲でしょうか，乙でしょうか。

　また，基準日後である4月15日に会社は丙に対して第三者割当増資を行いました。丙は6月に開催される定時株主総会で議決権を行使できるでしょうか。

A　前者については，原則として，甲が議決権を行使することができます。

　後者については，議決権を行使できる場合があります。

解説 ··

1 ┃ 基準日以前の株式譲渡

（1）会社が招集する株主総会

　株式会社は，株主名簿を作成し，①株主の氏名または名称および住所，②株主の有する株式の数，③株主が株式を取得した日，④株券発行会社（会社法117条7項）においては株券の番号を記載しなければならない（会社法121条）。ところが，非上場会社では，きちんとした株主名簿のない会社も少なくない。また，株券発行会社でありながら株主名簿に株券番号が記載されていないものもある。

　株式の譲渡は，取得者の氏名または名称および住所を株主名簿に記載しなければ，株式会社に対抗できない（会社法130条）。したがって，株式を取得しても株主名簿に記載されなければ，株主総会で議決権を行使できない。

　会社は，「自己の危険において」真実の株主に議決権を行使させることができる（最判昭和30年10月20日民集9巻11号1657頁）。

すなわち，甲が乙に対して株式を譲渡しても，株主名簿は甲のままである場合には，会社は甲を株主として扱えばよい（確定的効力）。ただ，会社は上記のように「自己の危険において」乙を株主として扱うことは許される。

たとえば，3月決算の会社が定款で3月末日を基準日として，基準日における株主名簿上の株主が甲，基準日以前に甲から株式を譲り受けたが株主名簿を書き換えていない真の株主を乙とする。なお，基準日とは，一定の日に株主名簿に記載されている株主をその権利を行使することができる者と定めるその日のことである（会社法124条）。上記判例を前提にすれば，会社が6月に定時株主総会を招集する場合には，真の株主である乙が自陣営であれば，その者に招集通知を発送し議決権を行使させ，株主名簿上の株主である甲が自陣営であればその者に招集通知を発送し議決権を行使させることができる。

（2）少数株主が招集する株主総会

一方，少数株主が裁判所の許可（会社法297条4項）を得て株主総会を招集する場合（会社法297条4項）には，招集株主は自らの名義で招集通知を送付するが［大竹2020，33頁；東京地裁商事研2009，21頁］，その際には招集株主は真の株主ではあるが株主名簿の名義書換えがなされていない者を株主と認めることができるであろうか。これに関する判例・学説は見当たらないが，以下のように考える。

結論としては，会社，具体的には会社の代表取締役の同意がなければ，少数株主が真の株主である乙に対して招集通知を送付することが許されないと解する。

招集株主は裁判所の許可を得て，株主総会を招集するのであるから，会社法第2編第4章の「機関」とは言えないが，一種の機関とも言える要素がある。現に，東京地決昭和63年11月14日（判時1296号146頁）は，招集株主に対して基準日現在の株主名簿のみならず，基準日までの名義書換請求書および，これに対応する株券の閲覧・謄写を認めている。

この決定は「少数株主による株主総会招集が裁判所により許可された場合に

第1節　株式

は，当該少数株主に対し株主総会招集権が付与されるのであるから，その当然の効果として，少数株主は，総会に招集すべき株主を確知する権利を有するというべきであり，右確知のためには，株主名簿を閲覧・謄写することができるのはもちろんのこと，基準日現在の株主を最終的に確定した株主名簿の作成を待っていては裁判所の定めた期限までの総会招集が事実上不可能になるような場合には，株主名簿に代り基準日現在の株主を確知することができる書類の閲覧・謄写をすることもできるものと解するのが相当である」と述べており，一般の株主ではなく，裁判所の許可を得て株主総会を招集する株主だからこそ，株主名簿に代わり基準日現在の株主を確知することができる書類の閲覧・謄写を認めたもののようであり，招集株主に一種の機関性を認めたものと解する余地があるように思われる。

　ちなみに，大隅（2010，143頁）では，「少数株主が裁判所の許可を得て総会を招集する場合にも，その総会が会社の株主総会であることはいうまでもなく，当該少数株主は，招集する総会に関するかぎり会社の機関的地位に立つ」と述べている。

　招集株主の機関性を重視すれば，招集株主にも上記権限を認めることも考慮の余地があるかもしれない。しかし，判例・学説（最判昭和30年10月20日民集9巻11号1657頁）のいう「会社」とは，現取締役会と現代表取締役を想定しているものと思われるので，それを前提とすれば上記結論が正しいと考えられる。

2 ▌基準日以降の株式発行

　以上は，「基準日に株主ではあるが，株主名簿に記載されていない者」について述べたものである。以下，基準日以降に株主となった者について検討する。

　株主総会の議決権の行使について基準日が定められている場合であっても，会社は当該基準日以降に株式を取得した者に議決権を行使させることができるが，当該基準日の株主の権利を害することができないとされている（会社法124条4項）。

　したがって，設例後段の事例を前提とすれば，4月15日に会社が丙に対して

第三者割当増資を行った場合，6月の定時株主総会で会社は丙にも議決権を行使させることができる。

それに反して，前述1のとおり少数株主が裁判所の許可を得て株主総会を招集する場合には，招集株主は自らの名義で招集通知を送付するが，その際には会社，具体的には会社の代表取締役の同意がなければ，当該基準日以降に株式を取得した者に議決権を行使させることは許されないと解する。

少数株主が裁判所の許可を得て株主総会を招集するのと同様の問題もあるが，会社法124条4項が「株式会社は……定めることができる」と規定されているので，より一層招集株主に上記権限を認めることは難しいものと思われる。

なお，基準日以降に第三者割当増資を決定するのは会社であるので，少数株主が会社法124条4項により基準日以降に株式を取得した者に株主総会の議決権を行使させることで自己に有利となることはほとんどあり得ず，議論の実益はあまりないように思われる。

設例38

株式の取得時効

　私は20年以上も前に，甲さんからA社の株式を購入しました。株主名簿も私名義となっており，株主総会招集通知も毎年私宛に送られてきていました。ところが，甲さんが最近亡くなり，その遺族乙が，「父はこの株式をあなたに売ったことはない」と言い出しましたが，それに対してどう対処すればよいでしょうか。

　なお，A社は株券発行会社ではありません。

A　　乙を被告として，問題となっている株式についてあなたが所有者であることの確認を求める訴えを提起することが考えられます。またA社が乙の主張に同調するようであれば，乙のみならずA社も被告とすることが考えられます。

解説

　相談者が乙ないしA社を被告として，自分が株主であることの確認を求める訴えを提起し，勝訴すれば問題は解決する。甲氏から当該株式を有効に譲り受けたことを立証できればよいが，甲氏から譲り受けたのが昔のことで立証が難しい場合には，「取得時効」の主張，立証も考えられる。株式ないし株主権も取得時効の対象となる（東京地判平成21年3月30日判時2048号45頁，東京地判平成15年12月1日判タ1152号212頁）。株主総会への出席，議決権の行使，利益配当の受領等が「自己のためにする意思をもって，平穏かつ公然と行使」（民法163条）となる。なお，民法163条所定の要件の立証責任は，取得時効を主張する相談者側にある。

設例39

共有株式の議決権行使

　私の父（甲）は先日亡くなりましたが，Ｙ株式会社の発行済株式3,000株を全部有しており，遺言はありませんでした。相続人は，長男の私，次男（乙），三男（丙）の３人で，従来甲，私，乙の３人がＹ株式会社の取締役を務め，甲が代表取締役でした。甲の死後，私が代表取締役をしています。甲の生前から私も乙も丙と仲が悪く，まだ遺産分割協議が成立していません。甲が亡くなったため，現在，取締役は私と乙の２人しかいませんが，その２人も直近の定時株主総会で任期満了となりますので，その定時総会で計算書類の承認のほか，新取締役の選任をしたいと思います。丙が取締役になりたいと言っていますが，私も乙もそれに反対で，従業員の丁を取締役にしたいと思っています。近々開催される取締役会で定時株主総会の招集を決議する予定ですが，その際，取締役３名選任の件を議題とし，私，乙，丁の３人の選任を議案とする決議をしようと思っています。

　また，私と乙の法定相続分は３分の１ずつで合計３分の２になりますので，甲から相続した3,000株については会社法106条により乙を権利行使者と定めてＹ株式会社に対して通知し，株主総会では会社が提案する「私と乙と丁を取締役とする」議案に賛成する予定ですが，それは法律上可能ですか。

A　　法律上可能です。

解説 ....

1 ▌準 共 有

　相談者と乙と丙が相続した3,000株は，相談者，乙，丙の３名による準共有（民法898条，264条）となる。

2 ┃ 共有株式の権利行使 (会社法106条)

　共有に属する株式については，①「当該株式について権利を行使する者」（以下「権利行使者」という）1人を定め，②その者の氏名または名称を株式会社に対して通知しなければ，その権利を行使することはできない（会社法106条本文）。ただし，株式会社が当該権利を行使することに同意した場合は，この限りでない（会社法106条ただし書）。

3 ┃ 最判平成27年2月19日民集69巻1号25頁，判例時報2257号106頁

　上記判例（以下「平成27年最判」という）は特例有限会社（会社法の施行に伴う関係法律の整備等に関する法律3条2項）に関するものであるが，それ以外の株式会社についてもその内容は妥当するものと思われる。

　上記判例は，次のように述べる。すなわち，「会社法106条本文は，『株式が二以上の者の共有に属するときは，共有者は，当該株式についての権利を行使する者一人を定め，株式会社に対し，その者の氏名又は名称を通知しなければ，当該株式についての権利を行使することができない。』と規定しているところ，これは，共有に属する株式の権利の行使の方法について，民法の共有に関する規定に対する『特別の定め』（同法264条ただし書）を設けたものと解される。その上で，会社法106条ただし書は，『ただし，株式会社が当該権利を行使することに同意した場合は，この限りでない。』と規定しているのであって，これは，その文言に照らすと，株式会社が当該同意をした場合には，共有に属する株式についての権利の行使の方法に関する『特別の定め』である同条本文の規定の適用が排除されることを定めたものと解される。そうすると，共有に属する株式について会社法106条本文の規定に基づく指定及び通知を欠いたまま当該株式についての権利が行使された場合において，当該権利の行使が民法の共有に関する規定に従ったものでないときは，株式会社が同条ただし書の同意をしても，当該権利の行使は，適法となるものではないと解するのが相当である。

そして，共有に属する株式についての議決権の行使は，当該議決権の行使を
もって直ちに株式を処分し，又は株式の内容を変更することになるなど特段の
事情のない限り，株式の管理に関する行為として，民法252条本文により，各
共有者の持分の価格に従い，その過半数で決せられるものと解するのが相当で
ある」としている。

4 ┃ 「権利行使者」の決定

　平成27年最判によれば，権利行使者の決定は，相続人である相談者と乙・丙
の持分の価格に従い，その過半数で決せられる。そこで，相談者と乙とは，丙
に対して「権利行使者」の決定について協議を申し入れるべきである。そして，
「乙を権利行使者にすること」を提案し，三者で協議をし，同案について協議
が成立すれば，乙が権利行使者となる。丙が反対した場合，決議をすることと
なるが，持分の価格に従えば，相談者と乙とで3分の2であり過半数になるの
で，乙を「権利行使者」とすることができる。

5 ┃ 協　　議

　なお，真摯に協議することなく，単に形式的に協議をしているかのような体
裁を整えただけの権利行使者の指定は，権利の濫用であって許されないとの判
例（大阪高判平成20年11月28日判時2037号137頁）があるので，注意をする必要が
ある。上記判例は，「もっとも，一方で，こうした共同相続人による株式の準
共有状態は，共同相続人間において遺産分割協議や家庭裁判所での調停が成立
するまでの，あるいはこれが成立しない場合でも早晩なされる遺産分割審判が
確定するまでの，一時的ないし暫定的状態にすぎないのであるから，その間に
おける権利行使者の指定及びこれに基づく議決権の行使には，会社の事務処理
の便宜を考慮して設けられた制度の趣旨を濫用あるいは悪用するものであって
はならないというべきである。そうだとすれば，共同相続人間の権利行使者の
指定は，最終的には準共有持分に従ってその過半数で決するとしても，上記の
とおり準共有が暫定的状態であることにかんがみ，またその間における議決権

行使の性質上，共同相続人間で事前に議案内容の重要度に応じしかるべき協議をすることが必要であって，この協議を全く行わずに権利行使者を指定するなど，共同相続人が権利行使の手続の過程でその権利を濫用した場合には，当該権利行使者の指定ないし議決権の行使は権利の濫用として許されないものと解するのが相当である」と述べている。

6 ┃ 権利行使者の決定をしなかった場合

たとえば，相談者と乙はＹ株式会社の現在の取締役であるので，株主総会より前に開催される取締役会決議により，相談者が代表取締役に選任され，共同相続人間の協議がないのにもかかわらず，相談者がＹ株式会社の代表取締役として会社法106条ただし書きの同意をして乙による3,000株の議決権の行使を認めた場合には，丙から株主総会決議取消しの訴えを提起されれば認められる（平成27年最判）。

ただし，設例の件では，丙が株主の資格で上記訴えを提起するためには，会社法106条の手続きをとる必要がある（最高裁平成9年1月28日第三小法廷判決，判時1599号）。相談者と乙が反対すれば，原告となるべき権利行使者を定めることができない。しかし，そのような対応をして丙が提起した後に丙が提起した株主総会決議取消しの訴えについて却下を求めても，それは信義則違反として許されない（最高裁平成2年12月4日第三小法廷判決，判時1389号140頁）。

7 ┃ 結　　論

したがって，相談者，乙，丙の三者で協議をした上，乙を権利行使者とするべきである。立案担当者は，会社法になってからは，会社が損害賠償責任を負うことはあり得るが，なされた決議は有効であるとしている（［相澤2006］492頁）。平成27年最判はその解釈を否定したものであるので，留意されたい。

設例40

実際には株券が発行されていない株券発行会社の株式譲渡

株券発行会社で実際には株券が発行されていないのは，どういう場合ですか。その場合に株式を譲渡するためには，どうすればよいでしょうか。

A　　株券発行会社で実際には株券が発行されていないのは，①株主が会社に対して株券不所持の申出をなした場合（会社法217条）と，②公開会社でない会社で株主が株券の発行を請求しない場合（会社法215条4項），③単元未満株式に係る株券を発行しないことができると定款で定められている場合（会社法189条3項）です。

そのほか，④違法に株券が発行されていない場合もあります。①と②については，会社に株券を発行してもらってから，株券を交付することによって株券を譲渡するべきです。④については，株券を交付しなくても原則として株式譲渡の効力が発生します。

解説

1 ▎ 株券発行会社 (会社法117条7項) の株式の譲渡

株券発行会社（会社法117条7項）の株式の譲渡は，株券の交付が効力要件となっているところ（会社法128条1項），非上場会社では，株券発行会社でありながら，実際には株券を発行していない会社が多いので，その会社の株式の譲渡方法について述べる。

(1) 株券の発行されている会社における株式譲渡

株券発行会社とは，定款で株券を発行する旨を定める会社である（会社法117条7項，214条）。なお，種類株式発行会社において株券を発行する旨を定款で定める場合には，全部の種類の株式でそうしなければならず，一部の種類の株式のみを株券不発行とすることはできない。制度の単純化のためである［江頭2021，175頁］。

　旧商法下の株式会社では，定款をもって株券を発行しないことを定めない限り株券を発行することが必要であった（旧商法227条1項）。会社法では原則と例外が逆となり，株券を発行する旨を定款で定めない限り株券発行会社とならない（会社法214条）。

　ただ，旧商法下で株券を発行しない旨の定めがなかった株式会社の定款には，会社法施行と同時に株券を発行する旨が定められているとみなされるので（会社法の施行に伴う関係法律の整備等に関する法律76条4項），会社法施行後，上記のようにみなされている定款の条項を廃止しない限り，株券発行会社である。

　株券発行会社の株式は，自己株式の処分による株式の譲渡を除いては，株券を交付しなければ，譲渡の効力を生じない（会社法128条1項）。株券の交付は，現実の引渡し（民法182条1項），簡易の引渡し（民法182条2項），占有改定（民法183条），指図による占有移転（民法184条）のいずれでもよい［江頭2021，221頁，；酒巻2008a，238頁］。

　株券発行会社で実際には株券が発行されていないのは，①株主が会社に対して株券不所持の申出をなした場合（会社法217条）と，②公開会社でない会社で株主が株券の発行を請求しない場合（会社法215条4項），③単元未満株式に係る株券を発行しないことができると定款で定められている場合（会社法189条3項）である。そのほか，④違法に株券が発行されていない場合もある。

（2）「法律に則って株券の発行されていない株券発行会社」における　　株券譲渡

　上記（1）①，②の場合，株主が株式を譲渡するためには会社に対し株券の発行を請求し（会社法215条4項，217条6項），発行された株券を交付する必要がある［江頭2021，221頁］。

（3）法律に則らず株券の発行されていない株券発行会社における　　株券譲渡

　上記（1）④の場合については，以下のとおりである。

　長期間にわたって株券が発行されない場合においては，株券の交付のない株式譲渡も一定の場合には有効となる（最判昭和47年11月 8 日民集26巻 9 号1489頁）。この判例は，有限会社から株式会社に組織変更後 4 年余の長きにわたって株券を発行することなく放置し，株主の意思表示のみによる株式譲渡後それを会社が承認し，株主名簿と同じ趣旨の株主台帳にこれを記載し，その後株券を発行した例であるところ，株式の譲渡は会社に対する関係でも有効と認めたものである。

　上記判例が存在するので，一定の場合には株券の交付がなくても株式の譲渡が有効なことがあり得る。しかし，実際に株式を譲り受ける際には，万全を期して株券の交付を受けるべきである。というのは，紛争予防のために大事な点の 1 つとして，問題となる事案が裁判所に係属した場合に自分の言い分が通るようにするだけでなく，相手方に裁判で争う気を起こさせない状況にすることがあるからである。

　上記のように，株券の交付がなくても株式の譲渡が有効と認められた場合に予想される紛争としては，株式の二重譲渡がある。発行された株券が交付されれば事実上二重譲渡はほとんどないが，株券が発行されていない場合は二重譲渡があり得る。その場合の第三者に対する対抗要件は，株主名簿によるとする学説［前田2009，181頁］，意思表示のみによるとする学説［江頭2021，222頁］，民法467条の確定日付のある通知・承諾によるとする学説［鈴木1994，147頁］があるが，確定した判例・学説はなく，株式譲受人の立場が不安定なので，実務的には株券の交付を受けることが重要である。

2 ┃ 株式の買い集め

　公開会社でない（発行する全株式が譲渡制限株式。会社法 2 条17号）株券発行会社において，株主が会社に対して株券の交付を請求していないため株券が発行されていない会社の株式を買い集めている側が株式を買い入れる際には，次のことを注意する必要がある。

　〔設例28〕で述べたように，譲渡制限株式（会社法 2 条17号）について株券

の交付を受けるほか，一定の内容の契約を締結すれば，買主はその株式について事実上支配権を及ぼすことができる。そこで，実際に株券が発行されていない場合には，売主が買主に対して株券を交付するために，会社に対して株券の発行を請求する時期が問題となる（会社法215条4項）。

　それは，株主が株券の発行を請求すれば，その株主が株式の譲渡を考えていることが発行会社にわかってしまう可能性が高いからである。その場合，現経営陣が当該株主に対して株式を自分たちに売却するように働きかける可能性が高い。したがって，株式を譲り受けようとする者としては，当方のその意向が会社に知られてもよい時期になってから株券の発行の請求をなすことを，譲渡人である株主に依頼するべきである。

　また，会社が不当に株券を発行しないことの立証を容易にするために，株主は，訴えの提起以前に会社に対して配達証明付内容証明郵便で株券の発行を請求しておくべきである（会社法215条4項）。

　なお，株券については，上場会社がかつて株券発行会社であった時の株券のように透かしの入った上等なものでなければならないと考えている向きもあるようだが，そうではない。会社法216条の事項が記載されていれば有効な株券となるので，自らパソコン等で作成し，通常の用紙に印刷したものでも足りる。ただ，もう少し立派な用紙にしたければ，大きい文房具店等で株券の用紙を販売しているので，それに商号，当該株券にかかる株式数等を記載すればよい。

3 ┃ 自己株式の譲渡と株券の不交付

　自己株式の譲渡については，会社法199条以下の募集株式の発行等の手続によるので，株券の交付は株式譲渡の効力要件ではなく，自己株式を処分した日以後遅滞なく買主に株券を交付しなければならない（会社法128条1項ただし書，129条1項）。

　これと同様に証券発行新株予約権（会社法249条3号ニ）の譲渡は，新株予約権証券を交付しなければその効力を生じないと定められている（会社法255条1項本文）。一方，自己新株予約権については，自己株式の処分と同様に，新株

予約権証券の交付を譲渡の要件としていないと定められている（会社法255条1項ただし書）。

　立法論としては，自己新株予約権についても新株予約権証券の交付を譲渡の要件とするべきである。すなわち，自己株式の処分は，会社法199条以下の手続によるため，株式譲渡は募集株式の払込期日を定めた場合には，その日に，払込期間を定めた場合には出資の履行をした日に効力が生じる（会社法209条）。したがって，株券の交付を自己株式の譲渡の効力要件とすると矛盾が生じるので，自己株式の譲渡について株券の交付を効力要件としないという会社法128条1項ただし書には，それなりの合理性がある。

　しかし，株式とは違い新株予約権においては，自己新株予約権の譲渡について募集の手続によらない（会社法238条）ので，新株予約権証券の交付を譲渡の効力要件とすることに何らの支障もなく，自己新株予約権の譲渡と他の新株予約権の譲渡とを違う手続にする合理性がない。

設例41

株券紛失

非上場会社における支配権獲得戦で株式を譲渡しようとしたところ，以前会社から株券が発行されたことは間違いがないのですが，見つかりません。どうしたらよいのでしょうか。

A　　①株券喪失登録制度，②株券提出手続に伴う異議催告手続を利用すること，③定款変更により株券発行会社でなくすることが考えられます。

解説

1 ┃ 株券紛失対策

　支配権獲得戦では，株式譲渡が行われることが多い。その際，歴史が長い会社では，株式を譲渡しようとする者が株券を紛失している場合も少なくない。その対策について述べる。

　株券発行会社（会社法117条7項）の株式は，株券の交付がなければ譲渡の効力は生じない（会社法128条1項本文）。したがって，売買契約を締結し金銭の授受があったとしても，株券の交付がなければ債権的な株式譲渡契約（民法555条）に過ぎず，株式は買主に移転されない。

　したがって，株券を紛失した場合に有効に株式を譲渡するためには，①株券喪失登録により株券の効力をなくし，会社より株券の再発行を受け（会社法228条2項）その株券を交付する方法（会社法128条），②株式を譲渡制限株式（会社法2条17号）にしたり，株式の併合をすること等により，株券提出手続に伴う異議催告手続（会社法219条）を利用し，既存の株券を無効にして（会社法219条3項）会社より株券の再発行を受け（会社法228条2項），その株券を交付する方法（会社法219条），③定款変更により株券発行会社でなくする方法（会社法218条）の3つがある。

　①，②，③の方法をとらずに会社が新たに株券を発行し，それを交付したとしても新たに発行された「株券」には株券としての効力がなく，株式譲渡の効力は生じない。会社が長期間株券を発行しない場合になされた株券の交付がない株式譲渡については，一定の要件のもとで有効と認めた判例（最判昭和47年11月8日民集26巻9号1489頁）はあるが，いったん株券が発行された後に紛失した本設例では，上記判例の適用の余地はない。

　なお，①の方法により紛失した株券を無効にするためには，株券喪失登録日の翌日から起算して1年間が必要である（会社法228条1項）という難点がある。

　②，③については，そのような手続をするかどうか決定するのは会社であるので，会社の協力がなければ，株主は目的を達成することはできない。

　なお，①，②の場合には，株券の再発行を受けた者が真の株主でないとしても，株券の再発行を受けた者から譲り受けた者は悪意または重過失がない限り，善意取得により株主となる（会社法131条2項）。

2 ┃ 株券喪失登録

　まず，株券喪失登録について説明する。

　株券発行会社は，株券喪失登録簿を作成し，それに，（イ）喪失した株券の番号，（ロ）株券を喪失した者の氏名または名称，住所，（ハ）前記（イ）の株式の株主または登録株式質権者として株主名簿に記載されている者の氏名または名称，住所，（ニ）株券喪失登録日（（イ）の株券につき（イ）から（ハ）の事項を記載した日）を記載しなければならない（会社法221条）。株券を喪失した者は，株券発行会社に対して前記の（イ）から（ニ）の事項を株券喪失登録簿に記載することを請求できる（会社法223条；会社法施行規則47条）。

　その請求に応じて株券発行会社が株券喪失登録をした場合に，株券喪失登録者が株主名簿に記載された名義人（会社法221条3号）でないときは，株券発行会社は遅滞なく名義人に対して株券喪失登録をした旨ならびに株券番号，株券喪失登録者，喪失登録日を通知しなくてはならない（会社法224条1項）。これは，名義人が株券を所持する場合には，株券を会社に提出し，株券喪失登録の抹消

を申請する機会を保障するためである（会社法225条）。

　また，株式についての権利を行使するために株券が会社に提出された場合，たとえば，名義書換えの場合や株式に譲渡制限を付ける場合（会社法219条）で，その株券について株券喪失登録がされているときは，発行会社は遅滞なく株券を提出した株主に対して株券喪失登録がされていることを通知しなければならない（会社法224条2項）。この通知が要求されている理由は，株主名簿に記載された者等に対する通知と同一である。

　株券喪失登録がされた株券を所持する者は，会社に対して株券喪失登録の抹消を申請することができる（会社法225条1項本文）。ただし，株券喪失登録の翌日から1年を経過したときは抹消を申請することができない（会社法225条1項ただし書）。株券喪失登録の翌日から起算して1年を経過すると，株券が無効になるからである（会社法228条1項）［前田2009，192頁］。

　株券を所持する者が株券喪失登録の抹消を申請するためには，株券を会社に対して提出しなければならない（会社法225条2項）。なお，その場合には，実務上会社から預り証を受領することが重要である。その申請を受けた会社は遅滞なく株券喪失登録者（株券を喪失した者として株券喪失登録簿に記載された者）に対して，抹消の申請をした者の氏名，名称，住所，株券番号を通知しなければならない（会社法225条3項）。その通知の日から2週間を経過した日に会社は株券喪失登録を抹消しなければならず，株券を抹消申請者に対して返還しなければならない（会社法225条4項）。

　株券喪失登録者は，株券発行会社に対して，株券喪失登録の抹消を申請することができる（会社法226条1項）。その場合，株券発行会社は株券喪失登録を抹消しなければならない（会社法226条2項）。

　株券発行会社は，当該株券喪失登録が抹消された日か，株券喪失登録日の翌日から起算して1年を経過した日のうち，早い日までは株主名簿の名義書換えをすることができない（会社法230条1項）。

　株券喪失登録者が株主名簿に記載された株主ではない場合には，名義人である株主は登録抹消まで議決権を行使できない（会社法230条3項）。しかし，こ

の定めは不当なものと思われる。というのは，会社がそのリスクで株主名簿上の株主と違う者を真実の株主として扱うことはできるが（最判昭和30年10月20日民集9巻11号1657頁），会社は原則として株主名簿上の株主を真実の株主として扱う必要がある（会社法130条）。その考え方からすれば，株券喪失登録がなされたとしても，株主名簿上の株主に株主総会の議決権を認めない合理的な理由がないものと思われる。なお，立法者は，株主名簿上の株主が，株券を会社に提出し，株券喪失登録の抹消を申請すれば，株券喪失登録が抹消される（会社法225条）ので，株主名簿上の株主がその申請をすることにより不都合がないと考えたのかもしれない。しかし，古い非公開会社では株券が発行されながら行方不明になっていることが多く，株主名簿上の株主が上記申請をできないことが少なくない。

　株券喪失登録の翌日から起算して1年を経過した日にその株券は無効となり（会社法228条1項），株券発行会社は株券を再発行しなければならない（会社法228条2項）。

3 ┃ 株券提出手続に伴う異議催告手続

　次に，株券提出手続に伴う異議催告手続を利用する方法について，説明する。株券発行会社が，①株式の譲渡について会社の承認を要するように定款を変更する場合，②株式の併合をする場合，③全部取得条項付株式の取得をする場合，④取得条項付株式の取得をする場合，⑤特別支配株主が株式等売渡請求をしようとするときの対象会社が承認する場合，⑥組織変更をする場合，⑦合併をする場合，⑧株式交換をする場合，⑨株式移転をする場合には，その効力が発生する1カ月前までに株券を会社に対して提出するよう公告通知をする必要があり（会社法219条1項），株券は上記①から⑨の効力が発生する日に無効となる（会社法219条3項）。

　この場合に，株券を提出することのできない株主が請求すれば，会社は利害関係人に対して3カ月を下らない期間内に異議を述べることができる旨の公告をする（会社法220条1項）。そして，利害関係人に異議がなければ，会社は①

から⑧により株主が受けることのできる金銭等を株主に交付することができる（会社法220条2項）。

　ただ，この方式は，株券喪失登録による方法と比較して期間が短い利点はあるものの，あまり役に立たないものと思われる。すなわち，もともとその株式に譲渡制限があれば，①はあり得ない。またそのほか，合併等の③から⑥を株券紛失対策とすることは大げさ過ぎると思われるからである。したがって，せいぜい実際に考えられるのは，②だけだと思われる。

4 ┃ 定款変更により株券発行会社でなくする方法

　最後に，定款を変更することにより株券発行会社でなくする方法について，説明する。なお，種類株式発行会社では一部の種類の株式の株券を発行しないということはできないので（会社法218条1項），留意されたい。

　株券発行会社（会社法117条6項）は，「その株式に係る株券を発行する旨の定款の定めを廃止する」という定款の変更をしようとするときは，定款変更の効力が生じる日の2週間前までに，（イ）株券を発行する旨の定款の定めを廃止する旨，（ロ）定款変更の効力が生じる日，（ハ）上記（ロ）の日において株券が無効となる旨を，公告しかつ株主および登録株式質権者に各別に通知しなければならない（会社法218条1項）。

　この公告・通知は，決議より前になすことが許される。ただし株券発行会社でありながら，会社法215条4項，217条4項により株式の全部について株券を発行していない株券発行会社がその株式（種類株式発行会社については全部の種類の株式）にかかる株券を発行する旨の定款の定めを変更しようとする場合は，上記（イ）および（ロ）を通知すれば足りる（会社法218条3項）。また，その通知は公告で代えることができる（会社法218条4項）。

5 ┃ 善意取得

　以上の３つの手続により，旧株券は無効となるが，その旧株券が有効な時代に株式を善意取得した者がいた場合，その者の有する旧株券は現在は有効なものではないが，引き続き株主ではあることに留意する必要がある。もちろん，旧株券が無効となった後に新株券が発行されたものについては，善意取得があり得る。

Column⑧　現代と戦国時代

　「非上場会社の敵対的M＆A」と戦国時代の争いとはよく似ている。戦国時代は敗れれば命を取られることがあるが，「非上場会社の敵対的M＆A」では，そのようなことがない点を除き，よく似ている。

　人間の行動パターンは戦国時代も現在も基本的に違いがないように思われる。そこで歴史に関する知識は，弁護士にとって「非上場会社の敵対的M＆A」に限らず役に立つ。

　戦国時代に織田信長が日本各地の大名と争っていた。その際，織田信長の部下豊臣秀吉は毛利と直接戦っており，同じく明智光秀は四国の長宗我部と戦っていた。歴史を見ると，敵でありながら相手の立場がわかり，相手方を追い詰めない局面もあったようである。

　倒産事件では，同様のケースがある。管財人等が選任される「法的整理」でない「任意整理」において，倒産したＸ社の売掛金の回収に社員が当たることがある。通常，Ａ社に対する債権回収はＡ社担当であった甲がすることが多いが，Ｘ社の倒産によりＡ社に迷惑をかけたという意識を持つ甲がＡ社に対して強い態度がとれず，苦労することがある。

設例42

株主総会の権限

株主総会は，何でも決議することができるのでしょうか。

A　　株主総会は，会社法に規定する事項および株式会社の組織，運営，管理その他株式会社に関する一切の事項について決議をすることができます。ただし，取締役会設置会社においては，株主総会は，会社法に規定する事項および定款で定めた事項に限り決議することができますので，限界があります。

解説

1 ┃ 株主総会の権限

株主総会は，会社に関する一切の事項について決議をすることができるのが原則である（会社法295条１項）。ただし，本書が前提としている取締役会設置会社（会社法２条７号）では，会社法に規定する事項および定款に定める事項に限り，決議をすることができる（会社法295条２項）。これに違反した決議は無効である［江頭2021，319頁］。

2 ┃ 株主総会における報告

著者は商法時代に次のような経験をしたことがある。

著者に依頼した株主甲は会社の経営陣と争っていたが，業務検査役選任命令（商法294条：会社法358条）を申し立てたところ，地方裁判所で却下されたので，即時抗告（非訟事件手続法66条２項）をして高等裁判所に係属していた。そのときに株主甲と会社との間で新株発行につき数個の仮処分と訴訟が地方裁判所に係属していたところ，訴訟の係属している担当部から全体的な和解をしないかとの提案があり，会社と株主甲との間で共同で監査法人を依頼し株主甲が問題としている点について調査してもらい，その結果を株主総会で発表する，との和解が成立したことがある。旧商法（230条ノ10）でも，会社法に規定する事項

および定款に定める事項に限り決議ができることは同様であったが，裁判所も，決議ではないので法律上問題はないという見解であった。

　この事案では，印象に残ったことが2つある。

　第1に，監査法人が受任したがらなかったことである。事案の性質上大きな監査法人に依頼した方がよいであろうと思い，ある大手監査法人に依頼しようとしたところ非常に消極的であった。その理由としては利害の反する双方の依頼に基づき受任した場合，何か問題が生じないかを心配したようであった。著者はそのようなことは，まったく予想していなかった。そこで，その監査法人は諦めて，他の監査法人に依頼したところ，受任してもらった。

　第2に，監査が始まったところ，会社側にとって調査が自分たちの予想していたものより厳格なものだったようであり，調査開始後に，当方ならびに監査法人に対して会社側から強い抗議があった。監査法人の担当公認会計士によれば，会社の役員に大声で罵倒されたとのことであった。ただ，担当の公認会計士もなかなかの強者で，相手方の干渉をはねのけたようであった。

　結局，監査法人による監査の結果，株主総会で報告され，一件落着した。

設例43

総会検査役

　総会検査役とはどのようなもので，どのような手続によって選任されるのでしょうか。

A　株主総会の「招集手続」および「決議の方法」を調査するため裁判所が選任する機関です［大竹2020，269頁］。
　選任手続については解説を参照してください。

解説

1 ┃ 総会検査役制度が設けられた理由

　総会検査役制度（会社法306条）が設けられたのは，①株主総会決議取消しの訴え等が提起された場合に，総会検査役の報告書（会社法306条5項）が重要な証拠資料になるという証拠保全目的のほか，②裁判所に選任されて報告書を提出する総会検査役が株主総会に関与するために，違法な行為が事実上行われにくいという違法抑止目的もある［大竹2020，254頁；東京地裁商事研2009，152頁］。

　著者の経験では，会社が会社法239条に違反する内容を議案とする株主総会招集通知を発送したので，株主が裁判所に総会検査役の選任を申し立て，総会検査役が選任されたところ，会社が株主総会で上記議案を上程しなかったことがある。これは②の目的を達成した事例と考えられる。

　非上場会社では，譲渡制限の定め（会社法107条1項1号・2項1号）と株主総会の代理人を株主に限る旨の定めのある定款が多い。そのような会社では，株主側の弁護士が株主でないために株主総会の議場に入場できないことがある。弁護士が入場できれば，株主が会社の違法な行為に対処する余地があるが，入場できない場合，法律に詳しくない株主にとってそれが難しいので，総会検査役による対応を期待して申し立てることもある。これは上記②が主要目的である申立てである。なお，その場合には株主総会の代理人を株主に限るという定

款が弁護士には適用されないことを理由として，「株主でない弁護士が代理人になることを認めよという趣旨の仮処分」を申し立てることも考えられる（〔設例48〕参照）。

旧商法下では，会社には総会検査役選任申立権がなかったが，会社法は総会手続の公正さを客観的にも担保するために有益だという理由で会社にも申立権を認めた〔相澤2009，91頁，大竹2020，260頁，東京地裁商事研2009，156頁〕。

2 ▍総会検査役選任の申立て

会社の本店の所在地を管轄する地方裁判所に対して（会社法868条 1 項），書面で申し立てなければならない（非訟事件手続法43条；会社非訟事件等手続規則 1 条）。

株式会社または総株主（株主総会の議題について議決権を行使できない株主を除く）の議決権の100分の 1 （これを下回る割合を定款で定めた場合は，その割合）以上の議決権を有する株主は，株主総会の招集手続や決議の方法を調査させるために，株主総会に先立ち，裁判所に対して総会検査役の選任を申し立てることができる（会社法306条 1 項）。100分の 1 以上という要件は，申立人が単独で満たす必要はなく，複数の申立人でその要件を満たせばよい〔大竹2020，260頁〕。

申立て段階では，総株主の議決権の100分の 1 以上を有していて，その後，会社が新株を発行したことによりそれ以下となった場合には，当該会社が当該株主の上記申請を妨害する目的で新株を発行したなどの特段の事情のない限り，上記申請は，申請人の適格を欠くものとして不適法であり，却下を免れないと解される可能性がある。ちなみに，業務執行検査役（会社法358条）について同趣旨の最高裁の決定（最決平成18年 9 月28日民集60巻 7 号2634頁）がある。

上記のうち株主の要件は，株主名簿上そうなっている必要がある。

会社または要件を充足する株主であって，申立人でない者は，当事者参加することができる（非訟事件手続法20条）。

臨時株主総会の総会検査役の選任申立ては，時間不足で苦労することが多い。というのは，公開会社でも株主総会の 2 週間前に招集通知を発送すれば足りる

ほか，非公開会社では書面決議等をしない限り1週間前，そればかりか，非公開会社が取締役会設置会社ではない場合は，定款でこれを下回る期間を定めることができるからである（会社法299条）。

　株主総会期日以前に申し立てる必要があるところ，後述のように審問があるので，できるだけ早く申し立てる必要がある。したがって，株主総会招集通知発送以前でも，株主総会の招集が取締役会で決議されたことがわかった場合には，その段階で申し立てるべきである。市販されている書式集を見ると，大体のものは「検査の目的　○○株式会社（本店　東京都○○区○○町○丁目○番○号）の令和○年○月○日開催の株主総会の招集の手続及び決議の方法」というような内容になっている。したがって，総会の日時が定まる前には申し立てることはできないと考える向きもあるかもしれない。しかし，選任決定が出る前には日時等が特定される必要はあるが，申立ての段階では不要と解するべきである。「令和○年○月期に関する定時総会」という特定も検討に値する。

3 ┃ 総会検査役の選任

　総会検査役選任を必要とする事由の存在は不要である（岡山地決昭和59年3月7日商事1003号52頁）。

　法律上，裁判所は当事者の陳述を聴く必要はないが（会社法870条），審問を行うのが通常である［大竹2020，263頁］。

　実務においては，「業務の執行に関する検査役」（会社法358条）とは違い，申し立てると例外的な場合を除いて選任される（会社法306条3項）。選任決定には理由を付す必要はない（会社法871条2号，874条1号）。選任決定には，不服申立てができない（会社法874条1号）。

　却下決定に対しては，申立人に限り即時抗告をすることができる（非訟事件手続法66条2項）。

　また，選任される総会検査役の，ほぼ100％が弁護士である［大竹2020，263頁］。

　会社と株主の双方から，申立てがなされることもある。その場合は，審理を

併合して，総会検査役を選任する。通常は1人の総会検査役が選任されるが，複数人が選任されることもある［大竹2020，262頁］。

　株主が株主提案権を行使する場合や会社の提案した議案に対して株主が株主総会で反対する予定である場合には，会社が申し立てるか否かを問わず，株主は総会検査役の選任を申し立てるべきである。とりわけ複数の取締役の選任が議題となり，株主と会社の取締役候補者とが一部重複する場合には，投票の方法にも複数の考え方があることもあり（松山遙『敵対的株主提案とプロキシーファイト〔第3版〕』146頁以下），その必要性が高い。

　ところが，会社が総会検査役の選任を申し立てる予定であることを知った場合には，費用等の節約のため，総会検査役の申立てをしないケースがあるようである。しかし，その場合でも株主も申し立てるべきである。株主が申立てをした場合，法律上の要請（会社法870条）ではないが，裁判所は審尋をし，会社側を呼び出し，総会検査役選任後，裁判官，会社側，株主，総会検査役の四者間で打ち合わせをすることが多い。会社が申立てをし，株主がそれをしない場合には裁判所は株主と関係なく，総会検査役を選任する。

　著者がセカンドオピニオンを担当していたケースで「総会検査役の選任申立てをしたらどうか」と依頼者にアドバイスをしたところ，当初メインの弁護士が「総会検査役の選任申立てをする必要はない」とのことであった。著者がさらに依頼者に強く勧めた結果，メインの弁護士が総会直前に上記申立てをしたが，すでに会社の申立てにより総会検査役が選任されていたので，申立てを取り下げたとのことである。そして，メインの弁護士が総会検査役に対し株主総会前に面接を希望したところ，会社側の申立てにより選任されたことを理由として拒否されたとのことであった。申立人でないことを理由に面接を拒否するという総会検査役の対応には問題があると思われるが，株主は早目に総会検査役の選任の申立てをするべきであったと思われる。

4 ┃ 総会検査役の権限

　総会検査役は必要な調査を行い，調査の結果を記載した書面または記録した電磁的記録を裁判所に提供して報告しなければならない（会社法306条5項）。その提出時期は，株主総会の約40日後とされることが多いとのことである〔大竹2020，265頁〕。

　裁判所は上記報告について，その内容を明確にするため必要があると認めるときは，総会検査役に対し，さらに報告を求めることができる（会社法306条6項）。裁判所は，報告があった場合において必要があると認めるときは，①一定の期間内に株主総会を招集すること，②調査結果を株主に通知することのうち，全部または一部を命じなければならない（会社法307条1項）。①の場合には，取締役は総会検査役が提供した報告の内容を株主総会で開示しなければならない（会社法307条2項）ほか，取締役（監査役設置会社〔会社法2条9号〕においては，取締役および監査役）は，上記報告の内容を調査し，その結果を上記株主総会に報告しなければならない（会社法307条3項）。

　総会検査役によって違いもあるが，当日，総会検査役は株主総会に出席するほか，速記をとったりICレコーダー等による録音をしたりビデオで録画したりすることが多い。総会検査役によっては，株主総会日より前に会社および少数株主の代理人弁護士と株主総会の進行等について打ち合わせをすることもある。

　会社も少数株主も，総会検査役に対して誠実に協力すべきである。会社の方では法律上きちんとした手続をとろうとしているのにもかかわらず，株主が疑心暗鬼でそれを信用していない場合には，会社は総会検査役にその点を重点的に検査してもらうよう要請すべきである。たとえば，株主総会招集通知を発送する際，その一部を発送しないのではないかと株主が疑っていると思われるのであれば，会社は郵便局で招集通知を発送する際に総会検査役に立ち会ってもらうよう要請することが考えられる。

　また，逆に株主が，会社がきちんと株主総会招集通知を発送するかどうか心

配であれば，株主は総会検査役に対して，会社の郵便局における発送手続に申立代理人が立ち会うことを要請するべきである。

　なお，取締役，監査役等が総会検査役の調査を妨げると100万円以下の過料に処せられる（会社法976条5号）。

　特定の会社の株主総会で総会検査役が選任された場合に，同一会社で開催されるその後の株主総会において総会検査役の選任が申し立てられると，会社の状況をよく知っていると考えられるためか，同一の弁護士が総会検査役に再度選任される傾向がある。そこで，それが申立人に都合が悪ければ，裁判所に対して事情を説明し，別の者の選任を希望する上申書を提出することが有益である。

　著者が株主の代理人として総会検査役の選任を申し立てた際に，第1回目の株主総会の総会検査役に選任された弁護士が，第2回目の株主総会の総会検査役に選任された。その後，その弁護士が著者が代理人をしている別件の訴訟の相手方の代理人となったので，第3回目の株主総会における総会検査役選任申立ての際，事情を裁判所に対し説明し，「別の弁護士を選任してほしい」旨の上申書を提出したところ，別の弁護士が選任された経験がある。

5 ┃ 報 酬 等

　申立人は，総会検査役選任以前に総会検査役の費用と報酬相当額を予納する必要がある［大竹2020，256頁］。

　総会検査役の報酬は，会社が負担する。

　総会検査役の検査に要する費用は，最終的には会社が負担するものである（民法656条，649条，650条）。

　総会検査役の報酬については，総会検査役が裁判所に報告書を提出した後に，裁判所はその額を決定する（会社法306条4項）。

　その決定に際しては，会社と総会検査役の陳述を聴かなければならない（会社法870条1項1号）。裁判には理由を付す必要はない（会社法871条1号，870条1項1号）。会社，総会検査役，申立人は即時抗告をすることができる（会社法

872条5号）。

　上記の費用と報酬は，裁判所は予納金から支払う。したがって，予納した申立人は，その額を会社に対して求償できる［大竹2020，269頁］。しかし，会社と申立人が争っているケースでは，会社が求償請求に応じないことがある。

　著者の経験では，著者に依頼した申立人が会社に対して求償請求をしたところ，会社は「会社の申立人に対する損害賠償請求権を自働債権として相殺した」という理由で支払わなかった。なお，その後最終的に和解が成立し支払われた。

　したがって，裁判所とすれば，会社に対し支払うよう要請し，会社がそれに応じない場合に限り，予納金から支払うべきである。ちなみに，『実務ガイド新・会社非訟　会社非訟事件の実務と展望〔増補改訂版〕』（大阪商事研究会著，松田亨・山下知樹編）161頁「2　報酬決定（2）」2段目によると，「これらについては，申立人の予納金から支出し，申立人から会社に対して求償する扱いが一般的であるが，会社が直接支出することを了解している場合には，会社から総会検査役に支払い，その旨を総会検査役から報告させる運用もある」と記載されている。

6 ┃ 実際の事例

　なお，実際の事例に関しては，「総会検査役に期待される役割—反対株主による委任状勧誘が行われた株主総会—」（川村英二，『旬刊商事法務』No.1812，70頁以下）と「総会検査役の任務と実務対応」（阿部信一郎，同No.1973，59頁以下）が参考になる。

第2節　株主総会

設例44

株主総会開催禁止の仮処分

1 私は，A株式会社の代表取締役であり，株主でもあります。株主総会招集について取締役会決議がなされていないのに，A株式会社から，もう1人の代表取締役である甲の名義で株主総会招集通知が届きました。株主総会の開催をやめさせたいのですが，どうすればよいですか。
2 私はA株式会社の株主ですが，会社に対して株主総会の招集を請求しましたところ，会社がその請求に応じないので，株主総会の招集について裁判所の許可を得ました。しかし，会社はその議題と同一内容の議題について株主総会招集通知を株主に対し発送しました。株主総会の開催をやめさせたいのですが，どうすればよいですか。

A 株主総会を招集した取締役を債務者として株主総会開催禁止の仮処分を申し立てることが考えられます。

解説 ....

1 「株主総会開催禁止の仮処分」と「株主総会決議禁止の仮処分」

「株主総会開催禁止の仮処分」は，株主総会の開催自体を禁止するものである。一方，「〔設例45〕株主総会決議禁止の仮処分」は，株主総会の議題のうち一部のものについて決議を禁止するものである〔東京地裁商事研2011b，896頁〕。

2 株主総会開催禁止の仮処分の実例

株主総会開催禁止の仮処分は，次のような場合に申し立てられることが多い。

（1）取締役会決議が存在しない場合

まず，株主総会を招集するには取締役会の決議が必要である（会社法298条1

項・4項）。ところが，取締役間で争いがある場合には，一部の取締役が取締役会の決議を経ないで株主総会の招集通知を発送する（会社法299条）ことがある。

　取締役会の決議がないのにもかかわらず会社が株主総会を開催すると，全員出席総会とならない限り当該株主総会でなされた決議には取消事由があり，決議後3カ月以内は株主総会決議取消しの訴え（会社法831条）を提起できる（最判昭和46年3月18日民集25巻2号183頁）。全員出席総会とは，招集権者による招集がないのにもかかわらず株主全員が開催に同意して出席したものである。

（2）少数株主が裁判所の許可を得て株主総会を招集しようとする場合に会社が同一の議題について株主総会を招集しようとするとき

　次に，総株主の議決権の100分の3以上の議決権を有する株主が，会社に対して株主総会の目的である事項および招集の理由を示して株主総会の招集を請求したところ，会社がそれに応じないので，株主が株主総会を招集するために裁判所の許可を得たとする（会社法297条）。許可決定は，「令和○年○月○日までの日を会日とする○会社の株主総会を招集することを許可する」というものである。株主は上記許可決定の期限に従った日時を会日とする株主総会招集通知を発する。この場合に，会社がその株主が定めた株主総会の期日より前に，同一決議内容の株主総会を開催しようとすることがある。これは，裁判所の許可が出ないだろうと会社が高を括っていたところ，思いもかけず裁判所が許可をした場合になされることがある。

　また，会社側としては少数株主が裁判所の許可を得て株主総会を招集しても，定款どおりに会社の社長等が株主総会の議長になることができると思っていたところ，裁判所の招集許可後，そうではない下記裁判例が存することに気づいた場合になされることがある。すなわち，ほとんどの会社の定款には株主総会の議長には取締役社長または取締役会長がなると定められているが（全国株懇連合会2016），少数株主が裁判所の許可を得て招集された株主総会ではそれが

適用されない（広島高岡山支決昭和35年10月31日下民11巻10号2329頁；横浜地決昭和38年7月4日下民14巻7号1313頁）。

　少数株主が株主総会を招集することを裁判所が許可した場合には，会社にはその議題について株主総会を招集する権限がなくなり，会社が招集したときはその株主総会でなされた決議は不存在である（会社法830条）[大竹2020，33頁]。

（3）会社が違法な第三者割当増資により自社サイドの株主の有する株式の議決権割合を3分の2以上とし，特別決議により合併承認決議をしようとする場合

　株主が新株発行無効の訴え（会社法834条2号）を提起しても請求認容判決が確定しないうちに合併承認決議をすれば，原則として合併は有効となる（会社法839条）。

3 ▍仮処分の申立て

（1）書面による申立て

　上記のように株主総会決議に問題がある場合には株主総会決議取消しの訴えや株主総会決議不存在の訴えで最終的には解決できることもあるが，それまでには時間がかかり，その間，株主総会決議が外形上有効であるので，現経営陣に有利な既成事実が固まるおそれがある。そこで，株主総会が開催される前に株主総会開催禁止の仮処分（民事保全法23条2項）を申し立てるべきである。

　仮処分の申立ては，書面でしなければならない（民事保全規則1条）。

（2）仮処分の当事者と被保全権利

ⓐ　株主総会招集を決定する取締役会決議が存在しない場合には，6カ月前からの株主（公開会社ではない会社では期間の制限はない）（会社法360条），監査役（会社法385条）が債権者となる。取締役は，株主・監査役と違い違法行為の差止めができるとする条文がないので，債権者とはなれない［東京地裁商

事研2011b，901頁]。なお，監査の範囲を会計に関するものに限定する定款の定めのある会社では，監査役は債権者になれない（会社法389条7項，385条）。

　債務者は会社ではなく，実際に株主総会を開催しようとする者，具体的には株主総会の招集通知を発送し，または発送しようとしている者である［東京地裁商事研2011b，901頁]。なお，会社も債務者にするという立場［新谷2019，208頁]もあるので，実務的には双方を債務者にすることも考えられる。

　債権者が株主である場合の被保全権利は，株主による取締役の行為に対する差止請求権（会社法360条）であり，債権者が監査役である場合の被保全権利は，監査役による取締役の行為に対する差止請求権（会社法385条）である。

ⓑ　少数株主が株主総会を招集することについて裁判所の許可を得て株主総会を招集しようとする場合に会社が同一議題で株主総会を招集しようとするときには，その少数株主が債権者となる［東京地裁商事研1991，249頁]。被保全権利は，取締役に対する差止請求権である。被保全権利は，当該株主の妨害排除請求権である。そのほかに，他の株主は会社法360条により，監査役は会社法385条により，債権者となり得る。債務者はⓐと同様である。

ⓒ　会社が合併目的で違法な新株発行をし，株主総会で合併決議をしようとする場合は，他の株主が会社を債務者として，株主総会開催禁止の仮処分を申し立てる。

4 ┃ 仮処分の具体的な手続

　株主総会開催禁止の仮処分が申し立てられると，株主総会の開催以前に審尋が行われるが（民事保全法23条4項本文），公開会社でなければ原則として招集通知の発信と株主総会との間は1週間しかないので（会社法299条1項），日程は大変タイトである。しかし，裁判所は，何とか期日を入れて審尋を行う［門口2001，230頁；東京地裁2011b，903頁]。

　ところが，著者には，債務者の審尋がされないで株主総会開催禁止の仮処分決定が下された経験が一度ある。これは，特例有限会社（会社法の施行に伴う関係法律の整備等に関する法律3条2項）のケースであり，法律上，取締役会設

第2節　株主総会

置会社（会社法２条７号）ではなく（会社法の施行に伴う関係法律の整備等に関する法律17条），代表権を持つ取締役が２名おり，１人の取締役（甲）が著者に依頼していた。もう１人の取締役（乙）が甲の同意を得ないで勝手に株主総会の招集通知を発したので，株主でもある甲は上記仮処分を申請した。そこで，乙も出席した審尋が行われ，当該株主総会の開催を中止するという和解が両者の間で成立した。その和解の際に，新たに適法な株主総会を開催することと，甲と乙とが話し合ってその株主総会の開催日時を決めることが合意された。

　ただ，甲・乙間では感情的な問題もあり，当事者間で連絡するのは難しいので，代理人である弁護士間で連絡をすることになった。審尋当日に乙の代理人弁護士が欠席していたので，乙が裁判官の面前でその弁護士の事務所に電話をかけ，著者がその電話に出て話をした。乙の代理人弁護士は現在打ち合わせ中であり，すぐには日程を入れることができないとのことで，後日双方から電話で連絡するということが約束された。

　しかし，その後，著者から乙の代理人に何度電話連絡をしても乙の代理人が応じないばかりか，ファックスによる連絡に対しても返事がなかったので，甲が少数株主権に基づき裁判所に対して株主総会招集許可（会社法297条４項）の申立てをしたところ，双方審尋の上，一定の日時までに株主総会を招集することを許可する決定が裁判所より下された。

　ところが，その後，乙は，甲に何も連絡をせず，新たな日時を期日とする株主総会の招集通知を会社の代表取締役として株主に送付した。そこで，甲は乙を債務者として再度「株主総会開催禁止の仮処分」を申し立てた。裁判官との面接の際，著者が「疎明は充分だと思うので，債務者の審尋なしに決定をいただきたい」と述べたところ，裁判官は審尋期日を入れていたら時間的に間に合わなさそうであったことと，上述の事情があったためか，「民事保全法23条４項ただし書により審尋しないで仮処分決定を下します」と言い，仮処分に係る保証金の額を示したので，当方は当日供託し，即日，仮処分決定が下された。なお，その決定をなしたのは，最初の仮処分申立事件を担当した裁判官とも，株主総会招集許可申立事件を担当した裁判官とも違う裁判官であった。

　この案件は管轄する裁判所が遠隔地の上，本庁ではなく支部であったことも
あり，著者にとって時間的に大変厳しかった。ただ，支部では，東京地方裁判
所など大きな裁判所と違い，ある程度融通が利くこともある。この案件でも，
申請書はファックスでは済まず（民事保全規則1条），持参するか郵送する必要
があるところ，書記官に電話で連絡した上，翌日持参する申請書および疎明書
類を先にファックスし，事実上申請前日に裁判官が読めるように工夫した。

　なお，裁判所の仮処分についての扱いは，大きい裁判所ではシステマチック
になっていることが多く，概して能率はよいが，そのシステムに乗らないで進
めることは難しい。一方，それ以外の裁判所では，その反対であること，すな
わちシステマチックになっておらず，概して能率は悪いが，融通が利くことが
多く，代理人として工夫の余地がある。

**5 | 株主総会開催禁止の仮処分に違反した
株主総会決議の効力**

（1）判例・学説

　株主総会開催禁止の仮処分決定が下されたのにもかかわらず，それを無視し
て株主総会決議がなされた場合の決議の効力については，以下のとおり，有効
説，不存在説，取消事由説があり，確定した判例・学説はない［東京地裁商事
研2011a，440頁］。

ⓐ　有効説［江頭2021，527頁］は，仮処分は債務者に対して不作為義務を課す
　るに過ぎないので，仮処分に違反しても，その決議には瑕疵がないとするも
　のである（東京高判昭和62年12月23日判タ685号253頁）。この説では，仮処分に
　違反したということ自体を理由として決議取消しの訴え，決議不存在確認の
　訴えを提起することは許されず，株主総会決議の固有の瑕疵を理由として決
　議取消しの訴え，決議不存在確認の訴え，決議無効確認の訴えを提起するこ
　とができるだけである。

　　この見解では仮処分の実効性が乏しくなる。ただし，仮処分決定が下され

た場合，債務者がそれに違反することは実務上それほど多くないので，有効
説をとっても仮処分申立てはそれなりの効用が存する。

ⓑ　不存在事由説は，仮処分により債務者は総会招集権限を剥奪されるので，
無権限者による招集と同視され不存在の決議となると解する（浦和地判平成
11年8月6日判タ1032号238頁）。この説では，仮に株主総会決議に固有の瑕疵
がなくとも，仮処分に違反している以上株主総会決議は不存在となる。

　　すなわち，仮処分決定が結果的に誤っており，株主総会決議に固有の瑕疵
がなかったとしても，仮処分決定に反してなされた株主総会決議は不存在と
なる。したがって，不存在説に対しては，仮処分に本案（株主総会の開催を
止めるべきことを求める差止めないし不作為訴訟）の目的以上の効果を与える
ので，仮処分の付随性に反するとの批判がある。もちろん，債務者が保全異
議（民事保全法26条）を申し立て，それにより仮処分決定が株主総会日より
以前に取り消されれば仮処分は失効するので，その場合には株主総会決議は
不存在とならない。しかし，前述のように株主総会開催禁止の仮処分は時間
的にタイトであり，保全異議に対する決定が出る可能性は事実上非常に低い
と思われる。

ⓒ　取消事由説は，仮処分を無視してなされた株主総会決議には，総会の招集
手続が法令に違反するという決議取消事由（会社法831条1項1号）があると
解する。この説によれば，決議の日から3カ月以内であれば決議取消しの訴
えを提起することができる（会社法831条1項）。取消しは不存在と違い，出
訴期間内に訴えを提起する必要があることに留意する必要がある。

（2）各説の結論

　上記（1）のⓐ有効説，ⓑ不存在事由説，ⓒ取消事由説は，理論的には相当
違うが，実際にはそれほど違わないとも言える。

　たとえば，少数株主の株主総会招集請求に対して裁判所が許可を下したのに
もかかわらず，会社が同一の議題につき株主総会を開催したとする。

ⓐ　有効説によれば，仮処分決定が無視されたという瑕疵は問題とされないが，

　株主総会決議の固有の瑕疵により上記決議は不存在となる。したがって不存在説と同一の結論になる。

ⓑ　不存在事由説をとった場合，株主総会決議の固有の瑕疵を論ずるまでもなく，不存在となる。

ⓒ　取消事由説をとった場合，仮処分に違反したことについては取消事由があるほか，株主総会決議の固有の瑕疵により不存在である。

（3）現実の対応

　仮処分決定違反の株主総会決議の効力について確定した判例・学説がない以上，仮処分の債権者とすれば，仮処分に違反してなされた株主総会決議を争うためには株主総会決議不存在確認の訴えと株主総会決議取消しの訴えの双方を提起するべきである。しかも，裁判所が取消事由説を適用する可能性があるので，取消しの出訴期間である株主総会決議の日から3カ月以内に訴えを提起するべきである（会社法831条1項）。

　いずれの説にせよ，禁止された株主総会が開催されてしまうと，それを争う必要があるので，債権者側は実際に開催されないように努力するべきである。

　相手方代理人が常識的な弁護士である場合には，裁判所から株主総会開催禁止の仮処分が下されているのにもかかわらず，株主総会が事実上開催されることはめったにない。しかし，相手方に弁護士が選任されていない場合や相手方代理人に問題がある場合には，株主総会が事実上開催される危険があるので，念のため開催されないように対処する必要がある。すなわち相手方が当初株主総会を予定していた時間より前から会場で待機しておき，万一相手方が株主総会を開催しようとすれば，開催しないように説得するべきである。

　著者が経験した事件は地方が舞台であったので，時間の制約もあり，著者は現地に行けなかったが，相手方が株主総会を開催しそうな気配があったので，当初予定されていた会場の前で依頼者を待機させたところ，相手方がその近くまで来たが依頼者の存在に気づき，そのまま引き返したことがある。

株主総会決議禁止の仮処分

会社が，定時株主総会の招集通知を，株主である私のところに送ってきました。議題は２つあり，取締役５名の選任と剰余金の配当です。前者については異論がありません。後者については，貸借対照表の分配可能額は5,000万円で，配当額は3,000万円です。しかし，貸借対照表に記載されているのれんの額4,000万円のうち3,000万円はいわゆる「自家創設ののれん」で過大で，実際の分配可能額はせいぜい2,000万円です。そこで，剰余金の配当についての決議をストップしたいと思っていますが，どうすればよいですか。

A　　株主総会決議禁止の仮処分を申し立てるべきです。

解説

分配可能額を超えた剰余金の配当は違法である（会社法461条）。これをストップするためには「株主総会開催禁止の仮処分」と「決議禁止の仮処分」が一応考えられる。前者は株主総会のすべての議題に瑕疵がある場合であり，後者は株主総会の一部の議題に瑕疵がある場合に申し立てられる。

本件では，①取締役５名の選任と，②剰余金の配当の２つの議題のうち，②にのみ決議を中止してほしいのであれば，「決議禁止の仮処分」を申し立てるべきである。

仮処分の「被保全権利」は，株主による代表取締役に対する違法行為差止請求権（会社法360条）である。

仮処分の債権者は株主であるので，相談者には当事者適格がある。

債務者は，会社ではなく瑕疵ある株主総会を招集し開催しようとしている者，すなわち「会社の代表取締役」である［東京地裁商事研2011b，901頁］。

分配可能額を超える剰余金の配当決議がなされた場合，株主が株主総会決議無効確認の訴えを提起し勝訴し，それが確定した場合，遡及効がある（会社法

839条）。しかし，実際に剰余金の配当がなされた場合，株主からその返還を受けることは，大変手数がかかるので，原則として「保全の必要性」は認められるものと思われる。

　「決議禁止の仮処分」を裁判所が決定したのにもかかわらず，会社がそれを無視して決議をした場合には，決議取消事由になると解される［東京地裁商事研2011a，441頁］。

Column⑨　相手方弁護士

　「非上場会社の敵対的M＆A」において，相手方に弁護士がついていない場合，相手方本人が法律に真向から反する行為をすることが時々ある。この場合には，当方の依頼者，弁護士が相手方に対してそれが違法であると指摘し，それを中止することを要求しても，通常の場合相手方はそれを信じようともしない。

　そのような場合には，「まともな弁護士」が相手方に選任されることにより妥当な解決がなされることが少なくない。相手方が弁護士を選任するように持って行くには仮処分の申立て，本訴の提起等裁判上の手続が有効である。争点が複数ある場合にも，すべてについて裁判上の手続をとらず当面1つについての手続でも足りることが多い。この場合には通常，相手方はその法的手続に限らず全体について弁護士に相談することになる。自分が委任した弁護士から自己の誤った点を指摘されると，それに納得することが多い。

　ただ，「変な弁護士」が選任されると，正しい知識を教えず話合いによる解決ができなくなる。その結果，いろいろな争点について仮処分決定を得たり当方が勝訴する判決が確定しなければ，解決が難しくなり，時間がかかることになる。

　なお，当方の弁護士より能力が下である「まともな弁護士」が選任されると大変やりやすい。

設例46

議決権行使禁止の仮処分
―株式の存否について争いがある場合

　譲渡制限株式のみを発行する会社で，現経営陣が，株主総会を開催せずに取締役会決議だけで自分たちと親しい甲ないし丙に対して新株式を発行（第三者割当て）しました。なお，甲ないし丙は払込みをしています。近々開催される株主総会において，甲ないし丙が現経営陣側の提案した議案に賛成すると思われます。私どもは株主ですが，それを防ぐために何か対策はありませんか。なお，上記の第三者割当てにつき会社を被告として新株発行無効の訴えを提起しましたが，まだ判決が出ていません。

A　　発行会社および甲ないし丙を債務者として議決権行使禁止の仮処分を申し立てることが考えられます。

解説

1 ┃ 違法な新株発行の効力

　譲渡制限株式のみを発行する会社は公開会社（会社法2条5号）でない会社であるので，会社法201条の適用はなく，募集株式の数，払込金額等について株主総会の特別決議が必要である（会社法199条1項・2項，309条2項5号）。取締役会の決議のみで新株発行手続を進め，出資が履行された場合，新株発行無効の訴え（会社法834条2号）が提起されれば請求は認められる（最判平成24年4月24日民集66巻6号2908頁）。

　そして，その判決が確定すれば，新株発行は将来に向かって効力を失い，第三者に対してもその効力は及ぶ（会社法839条，838条，834条2号）。ただ，判決が確定するまでの間は，違法ではあっても，いったん発行された株式には議決権が存する。

2 ▎議決権行使禁止の仮処分

　そこで，反対陣営の株主としては，議決権行使禁止の訴えを提起する必要がある。ただ本訴では時間的に間に合わないので，発行会社，甲ないし丙を債務者として議決権行使禁止の仮処分（民事保全法23条2項）を申し立てることになる。

　本件仮処分の本案訴訟は，新株発行無効の訴え（会社法828条1項2号）である。相談者は原告となることができ，会社が被告となる（会社法828条2項2号，834条1項2号）。したがって，仮処分においては相談者が債権者，会社が債務者である。そのほか，上記判決には対世効（会社法838条）が存するので，甲ないし丙が債務者とすることができる［江頭2021，363頁］。

　議決権行使を禁止された株式の数は，定足数の計算の際には総株主の議決権の数に算入しない［東京地裁商事研2011b，893頁］。

3 ▎株主総会開催禁止の仮処分・株主総会決議禁止の仮処分との違い

　議決権行使禁止の仮処分と誤解しやすいのが「株主総会開催禁止の仮処分」，「株主総会決議禁止の仮処分」である。後者は，会社が違法に株主総会を開催したり株主総会で決議をなすことを禁止する仮処分で，債務者は株主総会を開催しようとする者である。株主総会開催禁止の仮処分，株主総会決議禁止の仮処分については〔設例44〕および〔設例45〕を参照されたい。

第2節　株主総会

設例47

議決権行使禁止の仮処分
─株式の帰属について争いがある場合

　私（甲）はA社（株券発行会社）の発行済株式の総数の60%を所有しておりました。私は，2月15日に私の有する上記A社株式を1億円で乙に売却しました。同日手付金3,000万円を受領するのと引換えに株券を全部乙に交付しました。残額7,000万円は2月中に支払ってもらう約束でした。ところが，乙はそれを支払わないのに3月初めに株券をA社に提示し，株式名簿を乙名義にしました。そこで，私は3月中旬になってから乙に対して売買契約を解除し，株券の返還を求める旨を内容証明郵便で要求しておりますが，乙は応じてくれません。近々定時株主総会の時期が迫っており，取締役の選任も議題となっております。私は60%の議決権を行使したいのですが，何か対策はありませんか。なお，A社は3月決算で，定款により定時総会の基準日は3月末日となっています。

A　　乙を債務者として，議決権行使禁止の仮処分を申し立てること，A社を債務者として，乙ではなく甲に議決権の行使を認める仮処分を申し立てることが考えられます。

解説

　基準日（会社法124条1項）の株主名簿の株主は乙となっているので，このままでは相談者は議決権を行使できない。議決権を行使したければ，仮処分を申し立てる必要がある。

　仮処分における債権者は，「真実の株主であると主張する相談者」である。

　仮処分における債務者は，「株主名簿に株主として記載されている乙」である。そのほか，会社が基準日の株主名簿に記載された乙に株主として議決権の行使を認めようとしている場合には，A社も債務者とすることができる。なお，株主名簿上は乙が株主となっていても，会社が相談者を真実の株主と認め議決権の行使を認めることは許される［江頭2021，215頁］。会社がそれにより相談

者の議決権の行使を認めるのであれば，仮処分を申し立てる必要はない。

　仮処分の申立ての趣旨は，「①乙はＡ社の株主総会で議決権の行使をしてはならない，②Ａ社はＡ社の株主総会で乙に議決権の行使をさせてはならない，③Ａ社は甲にＡ社の株主総会で議決権を行使させよ」である。

　仮処分の被保全権利は，株主権（議決権）に基づく妨害排除請求権である［東京地裁商事研2011b，888頁］。また，債権者は単に株式の実質的権利者であるだけでは足りず，株主名簿の記載なく自己が株主であることを会社に対して主張できることが必要である。本件では乙が7,000万円を支払わないので民法541条による解除は有効であり，株主名簿の記載なく自己が株主であることを会社に対して主張できる。したがって，相談者がそのことを疎明すれば足りる［東京地裁商事研2011b，888頁］。

　株主総会の決議事項が会社の経営権に影響を及ぼす可能性の高い場合には，原則として仮処分における「保全の必要性」が認められる［東京地裁商事研2011b，891頁］。取締役の選任はそれに当たるので，特段の事情がない限り保全の必要性は認められる。

　債務者が仮処分に違反して，議決権を行使した場合は，株主総会の決議取消事由（会社法831条）となる［東京地裁商事研2011b，893頁；東京地裁商事研2011a，442頁］。債務者が議決権を行使した後，保全異議（民事保全法26条）等により仮処分が覆った場合も，債務者が議決権を行使した際には仮処分が有効であったので，決議取消事由（会社法831条）であることに変わりはない［東京地裁商事研2011b，894頁］。

　なお，会社が債務者となっていない場合には決議に瑕疵がないとする説もある。

設例48

株主総会の代理人を株主に限定する定款

　株主総会の代理人を定款で株主に限定することが多いそうですが，それは有効なのでしょうか。仮に有効だとすると，その文言どおりに解釈されるのでしょうか。上記定款のもとでは，株主は株主ではない弁護士を代理人とすることはできないのでしょうか。

A　判例は，定款で株主総会の代理人を株主に限定することを有効と解釈していますが，全面的に有効だと解釈しているわけではありません。株主は，株主ではない弁護士を代理人とする余地はあります。

解説

1 ┃ 判　　例

　株主総会において，株主は代理人によってその議決権を行使することができる（会社法310条）。相当数の会社では，定款でその代理人を当該会社の株主に限定しているが，判例（最判昭和43年11月１日民集22巻12号2402頁）は，株主総会が株主以外の第三者によって攪乱されることを防止し，会社の利益を保護するという理由で，その限定を有効と解している。

　ただ，判例（最判昭和51年12月24日民集30巻11号1076頁）は，代理人を当該会社の株主に限定している定款のもとでも，株主である県・市・株式会社が，その職員または従業員を代理人とすることは許されるとしている。

2 ┃ 弁護士が代理人になること

　一方，そのような定款の定めがある会社で，株主が株主ではない弁護士を代理人とした場合は，会社がその議決権の行使を拒めないとする裁判例（神戸地尼崎支判平成12年３月28日金判1090号24頁；札幌高判令和元年７月12日金判1598号30頁）と，拒めるとする裁判例（東京地判昭和57年１月26日判時1052号123頁；宮

崎地判平成14年 4 月25日金判1159号43頁；東京地決平成22年 7 月20日『資料版商事法務』317号204頁；東京高判平成22年11月24日『資料版商事法務』322号182頁）がある。

　弁護士が株主総会に出席して攪乱するということは通常想定されず，法律の専門家である弁護士が代理人としての議決権の行使を認められないという裁判例は，不当である。上記の東京高判平成22年11月24日は，「一般に，弁護士は，社会的な信用が高く法律知識が豊富であるから違法，不当な行為をしない蓋然性が高いものであると信じられているところではある」としながらも，「株主総会に株主ではない代理人が来場した際には，その都度その者の職種を確認し，株主総会を攪乱するおそれの有無について個別具体的に検討しなければならないことになるが，どのような職種の者であれば株主総会を攪乱するおそれがないと信頼することができるのか，また，そのような信頼すべきと考えられる職種に属していながらも，当該来場者に株主総会を攪乱するおそれがあると思料される場合に，どのような要件の下に出席を拒むことができるのかなど，明確な基準がないままに実質的な判断を迫られ，その結果，受付事務を混乱させ，円滑な株主総会の運営を阻害するおそれがある」とする。これは，定款を杓子定規に判断しないという上記判例（最判昭和51年12月24日）の趣旨にも反するものである。

　上記最判昭和51年12月24日も，県・市・株式会社がその職員または従業員を代理人とすることを認めているので，弁護士についても同様に解すれば足りる。弁護士にも株主総会を攪乱する者が存するので，そうでないかどうか判断する必要があるとするのであれば，県・市・株式会社，その職員または従業員についても同様の問題が存する。たとえば，会社が総会屋を雇用する場合も考えられる。

　会社とすれば，法律に詳しい弁護士が株主の代理人として株主総会に出席すれば株主に有利であるので，株主総会への出席を拒もうとするのであろう。しかし，上場会社の株主総会では，争いがなくとも会社側の弁護士が事務局の一員として議場に入場していることが多いほか，混乱が予想される場合であれば，

第 2 節　株主総会

上場会社以外でも同様である。弁護士が代理人になることを否定すれば，議場では会社だけが法律の専門家である弁護士のアドバイスを受けられ，株主はそれが不可能であるということになるが，それは，公平の見地からも問題がある。したがって，弁護士が株主の代理人となることが認められるべきである。

　あらかじめ代理人の氏名および弁護士であることが伝えられており，代理人による議決権行使により株主総会撹乱のおそれがないことを判断できるような場合や，株主総会入場の際に代理人が弁護士である等総会撹乱のおそれがないことを容易に判断できるような場合には，議決権の代理行使を認めるとする学説［東京地裁商事研2011a，408頁］もある。

　ただ，結論を異にする判例が存在する以上，弁護士が株主の代理人として株主総会に出席しようとしても，会社側に拒否され事実上議場に入場することができないことが想定される。そこで，弁護士が株主の代理人として入場したければ，弁護士が入場したい旨を会社側に伝え，会社側がそれに応じなければ，株主は事前にそれを許容することを内容とする仮処分を申請しておくべきである。被保全権利は，株主の代理人による議決権行使権（会社法310条１項）である。

　著者は，上記仮処分を申し立てたところ，「著者が代理人として出席し株主としての権利を行使することを，認める」との和解が成立した。友人の弁護士からも，同様の経験があることを聞いたことがある。

　一方，株主の代理人として弁護士が株主総会に出席することを望まない会社側の対応としては，株主の代理人である弁護士が株主総会に出席する気配があれば，株主を債務者として，株主の代理人として弁護士を出席させてはならないとする旨の仮処分を申請することも考えられる。ただ，株主総会の会場は会社が管理しているので，株主の代理人である弁護士を会社に入場させないことが事実上可能であると思われるほか，万一，会社による仮処分申請が認容されない場合にはそれを理由として株主の代理人が株主総会に出席しようとする可能性もあるので，仮処分を申請しないという選択肢もあり得る。著者は，後者が実践的だと考える。

　前述のとおり，大部分の会社の定款には，株主総会の代理人を株主に限定するという条項が入っているが，争いになった場合には実際に定款を確認することを怠ってはいけない。著者が以前，非上場会社の少数株主側の代理人として関わったケースでは，著者も会社の代理人弁護士も上記条項が存在することを当然の前提として行動していたが，著者は株主総会の直前に定款を確認しその条項がないことに気づいた。そこで著者が代理人として出席したところ，会社側の代理人弁護士が大変驚いたことがある。なお，その後の株主総会で代理人を株主に限定するように定款が変更された結果，著者はそれ以降の株主総会に代理人として出席することはできなくなった。

3 ┃ 代理人となることのできる株主

　定時株主総会で議決権を行使できるのは，通常の場合，期末の日が定款により基準日と定められており（会社法124条），その日の株主名簿に記載されている者である。それでは，代理人として議決権を行使できる株主は，基準日の株主であろうか，株主総会期日の株主であろうか。これについて記載された文献は見当たらないが，以下のように解するべきだと思われる。

　株主総会での代理人を発行会社の株主に限定する定款には「株主は，当会社の議決権を有する他の株主1名を代理人として，その議決権を行使することができる」と規定されていることが多い。その場合，その株主総会で議決権を行使できるのは「基準日の株主」であるので，代理人になることができるのは「基準日の株主」であると解される。

設例49

利益供与

　支配権獲得戦では，会社側と攻撃側が中立派から株式を購入しようとするほか，株主総会の委任状争奪戦が起こることがあります。委任状争奪戦において，株主に対して会社側が金銭を支払うことは許されますか。攻撃側については，どうでしょうか。

A　会社が金銭を支払うことは許されません。攻撃側については，許されます。

解説

1 ┃ 株主の権利行使に関する利益の供与

　株式会社は，何人に対しても，株主の権利行使に関し，会社または子会社の計算において財産上の利益を供与してはならない（会社法120条1項）。

　現経営陣が個人として支払うことは法に反しないが，現経営陣が個人的に支払うものと言いながら，実際には会社の計算においてなされたのであれば，会社法120条1項に違反する。

　上記に違反した場合には，それに関与した取締役は3年以下の懲役または300万円以下の罰金に処せられる（会社法970条1項）。

　情を知って利益の供与を受け，また第三者に供与させた者，それを要求した者も3年以下の懲役または300万円以下の罰金に処せられる（会社法970条1項2項3項）。

　株主の権利の行使に関して財産上の利益の供与を受けた者は，それを利益を供与した会社またはその子会社に返還しなければならない（会社法120条3項）。利益供与が会社の計算においてなされた場合は会社に，子会社の計算においてなされた場合には子会社に返還する。当該利益の供与を受けた者が，その利益と引換えに給付したものがあるときは，その返還を受けることができる（会社

法120条3項）。両者は同時履行の関係に立つ［山下2013，262頁］。

　会社が株主の権利の行使に関して利益の供与をした場合には，①利益の供与に関する職務を行った取締役，②利益の供与が取締役会の決議に基づいて行われたときは，（ア）当該取締役会の決議に賛成した取締役，（イ）利益の供与に関する議案を提案した取締役，③利益の供与が株主総会の決議に基づいて行われたときは，会社に対して，連帯して供与した利益の価額に相当する額を支払わなくてはならない（会社法120条4項；会社法施行規則21条）。

　ただし，取締役等（利益を供与した者を除く）が職務を行うについて注意を怠らなかったことを証明した場合は，義務を負わない。上記支払義務は代表訴訟の対象となる（会社法847条）。

　委任状争奪戦において委任状の交付を依頼する者（株主）が株主に利益の供与をすることは，法律も禁止しておらず，経済的にも合理性があり，不正の請託（会社法968条）がない限り問題はない（会社法968条1項1号，2項）［江頭2021，364頁］。

2 ┃ 利益供与をした者の解任

　利益供与をした取締役等を株主総会で解任した場合（会社法339条1項），解任は正当な理由があると解されるので，取締役は解任されても会社に対して損害の賠償を請求することはできない（会社法339条2項）。

3 ┃ 高額な価格による自己株式取得

　自己株式取得につき，正規の手続きがとられていても，これも利益供与と推定される（会社法120条2項）。なお，正規の手続がとられていない場合は，無効である。

4 ┃ 差 止 め

　監査役・株主は，取締役に対して差止めを請求できる（会社法360条）。

設例50

株主総会決議の瑕疵

株主総会決議の瑕疵には，どのようなものがありますか。瑕疵があると，どのようなことになるでしょうか。

A 株主総会決議の瑕疵には，①決議不存在，②決議無効，③決議取消があります。その内容については，解説を参照してください。

解説 ··

1 ▌ 株主総会決議の瑕疵

非上場会社における支配権獲得戦では，2つの局面で株主総会の決議の瑕疵が問題となる。すなわち，支配権獲得戦以前に発生している株主総会決議の瑕疵と，支配権獲得戦以後に発生する株主総会決議の瑕疵である。

2 ▌ 支配権獲得戦開始前の株主総会決議の瑕疵

日本の中小企業では，株主総会を開催せず，株主総会議事録だけで済ませる会社も多い［東京地裁商事研2011b，933頁］。

支配権獲得戦が発生すると，それらの法的瑕疵を理由として会社が攻撃されること，たとえば，「取締役を選任したとする株主総会決議が不存在であるので，現在代表取締役社長であると称している者には代表権がない」と主張されることが少なくない。その場合，株主総会決議が不存在であれば，その株主総会決議を有効にする方法は原則としてない。

しかし，瑕疵のある株主総会決議と同一の議案について重ねて株主総会を開催するかどうかを検討したり，その不存在の決議を前提として進められた手続きを有効にする手段がないかを検討する余地がある。

その実際例としては，ブリヂストン判決の事例がある。

これは，定時株主総会で「複数の退職取締役に対して会社の所定の基準に従

い相当の範囲内で退職慰労金を贈呈するが，金額，時期，方法等は取締役会に一任する」という趣旨の議案について株主から質問を受けたのにもかかわらず，会社側による充分な説明もなく決議（以下「第1決議」という）がなされ，その第1決議が第1審で説明義務違反を理由として取り消されたところ（東京地判昭和63年1月28日判時1263号3頁），会社がその判決に対して控訴したほか，翌年の定時株主総会で上記取締役の退職慰労金の合計額を明示した決議（以下「第2決議」という）をなした。

　控訴審は，第2決議が有効なものであることを理由に，第1決議の取消しの訴えにつき原告の訴えの利益がないとして却下し，会社が勝訴したものである（東京高判昭和63年12月14日判時1297号126頁）。

第2節　株主総会

3 ┃ 支配権獲得戦開始後の株主総会決議の瑕疵

　当然のことながら，ひとたび支配権獲得戦が始まった後は，当事者は注意深く法律に則った手続きをとり，株主総会決議に瑕疵のないようにすることが重要である。

　しかし，依頼者である会社に対して弁護士がそのようにアドバイスしても，法令遵守について意識の低い会社側の者が，慣行などを盾にとりそこまで厳格にしなくてもよいではないかと抵抗することも，たまに見られる。弁護士としては，紛争が裁判所に持ち込まれれば，法律に則って判断されることをよく説明して，会社を指導することが大事である。なお，支配権獲得戦開始後に開催した株主総会決議について，決議取消しの訴えを提起されて敗訴したり，敗訴に至らなくても，後述の取締役の職務執行停止，職務代行者の選任（会社法352条，917条1号）の仮処分命令が下されたりすると，会社の立場が急速に悪化しかねないので，注意をする必要がある。

4 ┃ 株主総会決議の不存在

（1）定　　義

　株主総会決議という事実がまったくないのにもかかわらず，株主総会議事録が作成され，登記がなされた場合（最判昭和38年8月8日民集17巻6号823頁）が，決議不存在の典型例である。

　そのほか，一応決議らしいものが存在しても総会決議があったとの法的評価ができないものとして，①取締役会の決議がないのにもかかわらず，代表権のない取締役が招集した株主総会（最判昭和45年8月20日判時607号79頁），②一部の株主が勝手に集まって決議をした株主総会（東京地判昭和30年7月8日下民6巻7号1353頁），③株主に対する招集通知漏れが著しい株主総会（最判昭和33年10月3日民集12巻14号3053頁），④少数株主が株主総会の招集について裁判所の許可を得ているのにもかかわらず，会社が同一議題について招集し決議をなした株主総会［東京地裁商事研2009，21頁］等がある。

　決議が不存在で法的効力がないことは，誰から誰に対してもいかなる方法でも主張できる。また，株主総会決議不存在確認の訴え（会社法830条1項）を提起することもできる。この訴えの被告は会社であり（会社法834条16号），確認の利益が認められる限り，誰でも原告となれる。その訴訟で原告が勝訴しそれが確定すると，不存在であることが第三者との関係でも確定する（会社法838条）。これを「対世効」という。

（2）取締役選任をなした株主総会決議の不存在

　取締役が選任されたとする株主総会の決議が不存在の場合には，注意を要する。

　非上場会社では少なくないケースであるが，この瑕疵を治癒するためには全員出席総会における取締役選任決議か少数株主招集による株主総会における選任決議しかない。なお，問題の株主総会以後の株主総会で以前の決議の瑕疵に

ついて追完しても，株主総会を招集した「代表取締役」にその権限がないので，その後の決議自体が不存在であるので意味はない。前記ブリヂストン判決とは，違うのである。

5 ┃ 株主総会決議の無効

　株主総会決議の内容が法令に違反する場合には，決議が無効であることの確認を訴えをもって請求できる（会社法830条2項）。

　株主総会決議の内容が法令に違反する場合とは，違法な内容の計算書類の承認決議（会社法438条2項），欠格事由のある役員の選任決議（会社法331条1項，335条1項），株主平等原則に違反した決議（会社法109条1項）等である。

　株主総会決議の内容が法令に違反する場合には，株主総会の決議を待つでもなく，当然に無効であるという裁判例（東京地判昭和30年11月11日下民6巻11号2365頁）があり，これが通説である。したがって，上記訴えは必ずしも提起する必要はないが，勝訴すると第三者に対してもその効力が及ぶ点（会社法838条，対世効）に，訴えを提起することのメリットがある。

　被告は，決議をした会社である（会社法834条16号）。確認の利益がある限り，誰でも原告となれる［江頭2021，387頁］。

　株主総会決議の無効については，提訴期限の定めがなく，原則としていつまでも争える。これに反して，後記6の株主総会の決議取消しは，株主総会の日より3カ月以内に訴えを提起する必要があり（会社法831条1項），上記期間が経過すれば瑕疵を争えなくなる点に株主総会決議の無効との大きな違いがある。

6 ┃ 株主総会の決議取消し

（1）決議取消事由

　株主総会の決議について，下記の場合に，株主，取締役，監査役設置会社の監査役等は決議の日から3カ月以内に決議取消しの訴え（会社法831条1項）を提起することができる。

① （イ）　株主総会の招集の手続きが法令もしくは定款に違反する場合

　　（ロ）　株主総会の決議の方法が法令もしくは定款に違反する場合

　　（ハ）　株主総会の招集の手続きが著しく不公正な場合

　　（ニ）　株主総会の決議の方法が著しく不公正な場合

② 　株主総会決議の内容が定款に違反する場合

③ 　株主総会の決議に特別の利害関係を有する者が議決権を行使したことによって著しく不当な決議がなされた場合

　訴えの提起がなされずに3カ月間経過すれば，その株主総会決議は有効と確定する。したがって，株主総会等の決議の効力を争う側は，早めに準備する必要がある。3カ月と言えば時間があるように思われるが，油断をすればすぐに経過してしまう。また，上記期間内に訴えを提起しても，その期間を経過した後には新たな取消事由を追加することができないので（最判昭和51年12月24日民集30巻11号1076頁），注意を要する。

（2）上記（1）の①の場合

　①（イ）の「株主総会の招集の手続きが法令もしくは定款に違反する場合」とは，株主総会招集について取締役会の決議がない場合（会社法298条1項・4項；最判昭和46年3月18日民集25巻2号183頁），一部の株主に対して株主総会招集通知（会社法299条）がなされていない場合，計算書類について監査役の監査を受けていなかった場合（最判昭和54年11月16日民集33巻7号709頁）等である。

　①（ロ）の「株主総会決議の方法が法令もしくは定款に違反する場合」とは，株主総会で取締役等が説明義務（会社法314条）に違反する場合（東京地判昭和63年1月28日判時1263号3頁），取締役会設置会社で招集通知に記載されていない事項について決議した場合（最判昭和31年11月15日民集10巻11号1423頁；最判平成10年11月26日金判1066号18頁），株主でない者が議決権を行使した場合等である。

　①（ハ）の「株主総会の招集の手続きが著しく不公正な場合」とは，取締役

会設置会社以外の会社で招集者が一部の株主に対して総会の議題を知らせない
こと等である。

①（ニ）の「株主総会の決議の方法が著しく不公正な場合」とは，不公正な
議事運営（大阪高判昭和54年9月27日判時945号23頁）や，株主総会が出席困難な
場所・時刻で開催されること（大阪高判昭和30年2月24日下民6巻2号333頁）等
である。

（3）上記（1）の②の場合

②の「株主総会決議の内容が定款に違反する場合」とは，定款で定めた取締
役の定員の数を超えて取締役を選任すること，公開会社でない会社において取
締役は株主でなければならない旨が定款で定められているにもかかわらず，株
主でない株主が取締役に選任される等である。

（4）上記（1）の③の場合

③は，株主総会においては，決議につき特別の利害関係のある株主も議決権
を行使できるが，その株主が議決権を行使したことによって著しく不当な決議
がなされた場合には，株主，取締役，監査役等は決議の日より3カ月以内に訴
えをもって決議の取消しを請求することができる（会社法831条1項3号）とい
うものであり，以下のケースが考えられる。

（イ）　A会社とB会社とが合併する場合に，A会社がB会社の多数の株式を
　　　　所有しており，B会社の株主総会でA会社に著しく有利な合併契約が承
　　　　認されたとき

（ロ）　C会社の取締役甲がC会社に対して損害賠償義務（会社法423条）を負
　　　　う場合に，C会社の株主総会で甲の責任の一部を免除する決議（会社法
　　　　425条）に甲が参加するとき（大阪高判平成11年3月26日金判1065号8頁）

（ハ）　D会社の株主である取締役乙の退職金について著しく多額の退職金の
　　　　支払いを株主総会で決議するとき

（ニ）　少数派の株主の有する株式について他の株主と違って配当をしないと

いう定款（会社法109条 2 項）に変更（会社法309条 4 項）するとき

（5）裁量棄却

上記（1）の①（イ）と①（ロ）については，株主総会の招集の手続きまたは決議の方法が法令または定款に違反するときであっても，その違反する事実が重大でなく，かつ，決議に影響を及ぼさないものであると認めるときは，裁判所は取消しの請求を棄却することができ（会社法831条 2 項），これは「裁量棄却」と言われる。手続的な瑕疵については，決議をやり直しても同じ結果が予想されることが多いからである。

（6）取消判決の効力

訴えを却下・棄却する判決には対世効はないが，認容して株主総会決議を取り消す判決は第三者に対しても効力を有するほか（会社法838条），当該決議は遡って無効となる（会社法839条）。株主総会決議取消しの訴えは，被告会社の本店所在地を管轄する地方裁判所の管轄に専属する（会社法835条 1 項）。東京地方裁判所本庁の場合は，商事部である民事第 8 部に配填される。

決議不存在確認の訴え等において認容判決が確定すると，裁判所書記官はその抹消登記を嘱託する（会社法937条 1 項 1 号）。

7 ｜ 取締役選任決議の瑕疵と職務執行停止・職務代行者選任

取締役選任決議に瑕疵がある場合には，上記訴えを提起するほか，上記訴えを本案として職務執行停止・代行者選任の仮処分（会社法352条，917条 1 号）を申し立てることも考えられる。というのは，上記訴えを提起しても，裁判で勝訴するまでは現状の取締役が職務を執行する不都合があるからである。取締役の職務執行停止・職務代行者選任については，〔設例22〕を参照されたい。

> ### 設例51
> ## 株主総会の議長
>
> 　議長は，株主総会においてどのような権限があるのでしょうか。また，議長が途中交代することはあるのでしょうか。

A　　議長には当該株主総会の秩序を維持し，議事を整理すること等の権限があります。議長の解任決議により議長が途中交代することはあり得ます。

解説

1 ┃ 議長の権限

　株主総会の議長は，当該株主総会の秩序を維持し，議事を整理し，株主総会の秩序を乱す者を退場させることができる（会社法315条）。

2 ┃ 会社が招集する通常の株主総会

　定款に，「取締役社長」等が株主総会の議長となる旨の定めがあることが一般的である［江頭2021，367頁：全国株懇連合会2016，31頁］。これは任意的記載事項である［江頭2021，79頁，全国株懇連合会2016，30頁］。なお，任意的記載事項とは，定款ではなく株主総会決議や取締役会の定める規則等により定めても効力が生じるけれども，ある事項を明確にすること等を目的として定款に規定されている事項のことである。したがって，会社の招集する株主総会では，上記定款の定めにより議長が定まるので，誰を株主総会の議長に選任するかという問題は通常は発生しない。

　なお，少数株主の請求に応じて，会社が株主総会を自ら開催する場合（会社法297条1項）も，後述のように株主が裁判所の許可を得て株主総会を招集する場合と違い，上記の定款の定めは有効である［東京弁護士会2015，76頁］。

　ただ，会社が招集する株主総会においても，議長不信任の動議が提出された

結果，議長が解任され，その後新議長を選任することは可能である［東京弁護
士会2015，73頁］。

　株主総会議長の解任は，通常，株主の動議により行われる。これは必要的動
議であるので，裁決をする必要がある。

3 ┃ 株主が招集する株主総会

　ところが，裁判所の許可を得て株主が招集する株主総会（会社法297条４項）
では，上記定款は効力を有しないと解されているので（広島高岡山支決昭和35
年10月31日下民11巻10号2329頁；横浜地決昭和38年７月４日下民14巻７号1313頁），
裁判所の許可を得て株主総会を招集した株主が仮の議長となり，株主総会決議
により正式の議長を選任することになる［東京弁護士会2015，75頁］。議長選任
は，普通決議（会社法309条１項）による。

　この場合，議長が株主または取締役でなくてはならないかどうかが問題とな
る。会議体の一般原則によれば，議長はその会議体のメンバーである必要があ
る。それによれば，株主総会のメンバーは株主であるので，議長も株主である
ことが必要になる。この考え方は，株主以外の者は株主総会に出席できないこ
とからも肯定されやすいであろう。しかし，取締役は会社運営に責任を負うの
で，株主総会の運営についても責任を負う。したがって，株主でなくとも議長
となり得る。以上の必要説が多数説である。

　必要説が多数説であるので，必要説に従う方が無難であると思われる。ただ，
少数株主側が株主でも取締役でもない自分サイドの弁護士を議長候補者とし，
その者が株主総会決議で議長に選任された場合，それに反対する株主には，有
効な反撃方法がないものと思われる。

　まず，株主総会で株主でも取締役でもない者を議長の候補者とする議案につ
き仮議長が議場において決議の対象としようとする場合に，一部の株主が「必
要説によらない選任は違法であるので，決議をするな」と主張しても，仮議長
が「その説をとらない」と言えばあまり効果がないものと思われる。ただ，株
主総会終了後にその株主総会でなされた決議の取消しの訴え（会社法831条１項

1号）が提起されることが考えられるが，議長がよほど極端な運営をしない限り，取り消される可能性は低いものと思われる。

　著者には次のような経験がある。株主が裁判所の許可を得て株主総会を招集し，株主総会で株主が仮議長となり，その後議長に選任された。その株主は文学を大学で教える教授であり，会社法の知識がほとんどなかった。議長席にはその教授が座ったが，その隣に弁護士が座り，その弁護士が口述するとおりに議長が発言した。その弁護士は株主でもなければ，取締役でもなかったので，必要説を根拠として会社側の株主から異論が出たが，株主総会決議は予定どおりになされ，株主総会決議取消しの訴えも提起されなかった。

4 ┃ 議長の重要性

　通常の株主総会では，議長の重要性はそれほど意識されないことが多い。しかし，非上場会社の支配権獲得戦では，議長をどちらが獲るかは重大である。決議の賛否が拮抗している場合には事実上議長の判断が「当面」有効とされることが多い。それを争う株主等は，株主総会決議取消しの訴えを提起することはできるが，取消訴訟の勝訴判決が確定しない限り，当面有効として扱われることになりがちである。なお，取消訴訟の勝訴判決が確定すれば，判決には遡及効がある。

　したがって，株主が現経営陣と争う場合，現経営陣が招集する株主総会で現経営陣の付議する決議案に反対したり，株主提案権（会社法303条）を行使するのではなく，株主による株主総会招集を請求し（会社法297条1項），裁判所の許可を得て株主総会を開催する方が得策である。もちろん，会社が株主の請求に応じ，自ら株主総会を招集する場合には，株主の目的は達成できない。したがって，会社とすれば，株主から株主総会招集の請求があれば，自ら株主総会を招集するべきである。

株式信託と任意後見

　父はA株式会社の設立者でしたが，昨年病気で死亡しました。父の相続人は子供2人と母の3人です。遺産分割の結果，現在，長男の私（甲）は30%，次男（乙）は30%，母（丙）は40%のA株式会社の株式を有しています。私（甲）が社長，次男（乙）が副社長，従業員出身の丁が取締役です。私は乙と仲が悪いのですが，母（丙）は私の味方ですので持株割合は合わせて70%となり，私が会社の実権を握っています。母は高齢ですので，今はしっかりしていますが，近い将来ぼける可能性もあります。ぼけてしまった場合には株主総会で私に委任状をくれるかどうか不安です。何か対策はありませんか。ちなみに，A株式会社は全株式譲渡制限会社で株券発行会社です。

A　　お母さんを委託者，あなたを受託者，A株式会社の株式を信託財産
　　とする信託契約を締結することが考えられます。
　　そのほか，あなたを任意後見受託者，お母さんを本人とする任意後
　　見契約の締結も考えられます。

解説

1 ┃ 信託契約の締結

　信託とは，信託契約等により受託者が一定の目的に従い，財産の管理または処分その他の行為をするべきものとすることである（信託法2条）。

　相談者の母親（丙）が委託者となり，相談者（甲）を受託者として，丙の有する40%の株式を信託財産（信託法2条3項）とする信託契約を締結することが考えられる（信託法2条2項1号，3項1号）。この場合，信託契約で「指図権」を定めない限り，受託者である相談者が信託財産である株式の議決権を自分の意思どおりに行使できる。「指図権」とは，特定の議決権の行使に関し，委託者が受託者に対し指図できると信託契約に定めるものである［伊庭潔編

『信託法からみた民事信託の手引き』248頁]。

　この場合，相談者を受益者とすれば，相談者に贈与税がかかるが（相続税法9条の2第1項・6項），母親を受益者とすれば，贈与税は発生しない。

　株式の信託とは株式自体を信託するものであり，議決権（会社法105条1項3号）だけの信託ではない［江頭2021，352頁注（3）］ので，注意を要する。

　というのは，株式の一部を譲渡することはできないからである。すなわち，株主は，①剰余金の配当を受ける権利（会社法105条1項1号），②残余財産の分配を受ける権利（会社法105条1項2号），③株主総会における議決権（会社法105条1項3号）等の権利の一部のみを譲渡することはできない。したがって，③のみを譲渡することができない。信託には「財産の移転」，「財産の譲渡」の要素があるので，「譲渡」と同様に③のみを信託の対象とすることはできない。

　株式の信託は一種の株式の譲渡であるところ，A株式会社は株券発行会社であるので，株券の交付が必要であるほか（会社法128条1項），取締役会の承認が必要である（会社法139条）［前掲『信託法からみた民事信託の手引き』78頁]。

　丙から相談者に株主名簿を書き換えなければ，相談者が受託者であることを会社に対して対抗できない（会社法130条）。株式が信託財産に属することを株主名簿に記載しなければ会社その他の第三者に対して対抗できない（会社法154条の2）のが原則であるが，A株式会社が株券発行会社であるので，株主名簿に信託であることを記載する必要はない（会社法154条の2第4項）。

　信託契約締結後，相談者の母親（丙）が事理弁識能力を欠くこととなっても，信託契約の効力に影響はない。

2 ▎任意後見契約の締結

　相談者（甲）を「任意後見受託者」（任意後見契約に関する法律2条3号），相談者の母親（丙）を「本人」（任意後見契約に関する法律2条2号）とする任意後見契約の締結も考えられる。

　任意後見契約とは，「委任者が，受任者に対し，精神上の障害により事理を弁識する能力が不十分な状況における自己の生活，療養看護及び財産の管理に

関する事務の全部又は一部を委託し，その委託に係る事務について代理権を付与する委任契約であって，第4条第1項の規定により任意後見監督人が選任された時からその効力を生ずる旨の定めのあるもの」である（任意後見契約に関する法律2条1号）。

　任意後見契約は公正証書によってしなければならない（任意後見契約に関する法律3条）。公証人は任意後見契約を公正証書により作成した場合には，登記を嘱託しなければならない（公証人法57条の3）。その登記には任意後見監督人が選任される前における任意後見契約の受任者の氏名または名称および住所が記載される。任意後見契約が登記されている場合に，精神上の障害により本人の事理を弁識する能力が不十分な状況にあるときは，家庭裁判所は，本人，4親等内の親族，任意後見受任者等の請求により任意後見監督人を選任する（任意後見契約に関する法律4条1項）。任意後見監督人の選任により任意後見受託者は任意後見人となる。

　その場合，議決権の行使については，被後見人の財産についてあまり影響があるとは考えにくいので，相談者の議決権行使について後見監督人が監督すること（任意後見契約に関する法律7条1項1号）は許されないと解する。

3 ┃ 信託契約と任意後見契約

　母親によるA株式会社の議決権の行使をコントロールすることが主たる目的であれば，信託契約と任意後見契約のうちいずれかを締結すれば足りると思われる。

設例53

利益相反取引

　利益相反行為とは，どのようなものでしょうか。取締役会の承認を得ないで利益相反行為をしたときは，その行為の効果は会社に及ぶのでしょうか。

　取締役会の承認を得ても，取締役が損害賠償責任を負うことがあるのでしょうか。

A　解説をご覧ください。

解説

1 ┃ 利益相反取引

　取締役会設置会社で，①取締役が自己または第三者のために会社と取引をしようとするとき（直接取引），②会社が取締役の債務を保証するとき等，取締役以外の者との間において会社と当該取締役との利益が相反する取引をしようとするとき（間接取引）は，取締役会の承認が必要である。その承認を得るに際して，取締役は当該取引につき重要な事実を開示する必要がある（会社法356条1項2号・3号，365条1項）。

　これは，①，②の局面では，取締役が自分個人の利益を会社の利益よりも優先する可能性が高いので，予防的・形式的に取締役会のチェックを必要とする旨を定めたものである。なお，利益相反取引をした取締役は，当該取引後遅滞なく，当該取引について重要な事実を取締役会に報告しなければならない（会社法365条2項，976条23号）。

2 ┃ 直接取引

　上記①の「第三者のために」とは，第三者を代理または は代表する場合と解さ

れている。たとえば，Ａ会社の取締役甲が，第三者の代理人として行動する場合と，第三者であるＢ会社の代表取締役として行動する場合である。これは，甲がＡ社の代表取締役である場合に限らないので注意する必要がある。なお，甲がＢ会社の代表取締役であっても，Ｂ会社を甲以外の者が代表する場合は「第三者のために」とは言えず，利益相反取引とはならない［江頭2021，459頁］。

　直接取引でも，普通取引約款に基づく取引（東京地判昭和57年２月24日判タ474号138頁）や，会社が取締役から無利息無担保の貸付けを受けること（最判昭和38年12月６日民集17巻12号1664頁）等，抽象的に見て会社に損害が生じ得ない取引については，取締役会の承認は不要である［江頭2021，459頁］。

3 ┃ 間接取引

　間接取引とは，会社が取締役のために連帯保証をしたり（最判昭和45年３月12日判時591号88頁），会社が取締役の債務を引き受けたり（最判昭和43年12月25日民集22巻13号3511頁），会社が取締役のために物上保証をする（東京地判昭和50年９月11日金法785号36頁）等，会社と取締役以外の者との間でなす取引で，会社・取締役間の利害が外形的客観的に相反するものである。

　株主の保護のために取締役会の承認が必要とされているので，株主全員の同意がある取引（最判昭和49年９月26日民集28巻６号1306頁）や会社とその全株式を所有する取締役との間の取引（最判昭和45年８月20日民集24巻９号1305頁）については，取締役会の承認は不要である。

4 ┃ 取締役会決議と特別利害関係人

　取締役会で承認決議をする際には，当該取締役は特別利害関係人になるので決議に参加できない（会社法369条２項）［江頭2021，461頁］。たとえば，取締役が６人で特別利害関係人がいない場合，定款で特別の定めがない限り，定足数は過半数の４人であり，４人が出席しその過半数の３人が賛成すれば決議が成立する（会社法369条１項）。ところが，１人が特別利害関係人だとすると，定足数は５人の過半数の３人であるので，特別利害関係人以外の３人が出席し，

その過半数の2人が賛成すれば決議が成立する。

5 ▎取締役会の承認のある取引の効力

取締役会で承認されれば，利益相反行為は有効となる。

直接取引で自己契約または双方代理となる場合でも，民法108条は適用されず，有効である（会社法356条2項）。

たとえば，A社が同社の取締役甲と契約をした場合には，その契約は形式的には民法108条に該当し，無権代理行為となる。ところが，同条ただし書で本人があらかじめ許諾した場合には許されるので，会社法356条2項は，民法108条の許諾が，重要事実の開示に基づいてなされた株主総会（会社法356条1項）または取締役会（会社法365条1項）の承認を意味することを明らかにした規定である［落合2009，86頁］。

事後的承認も許される［江頭2021，461頁；落合2009，85頁］。なお，取締役会の承認を得ていても，会社が当該取引によって損害を被れば，取締役が会社に対して損害賠償責任を負う場合があるので，注意を要する［江頭2021，462頁，498頁］。

6 ▎取締役の承認のない取引の効力

（1）取締役会の承認のない直接取引の効力

取締役会の承認のない直接取引は無権代理行為となり，会社は，取締役または取締役が代理・代表した相手方に対して常に無効を主張できる（通説）。これに対して第三者が出現すると必ずしもそう言い切れない。次のような判例がある。すなわち，会社が同社の取締役に対して約束手形を振り出し，第三者がそれを割り引いていた場合には，①その手形が会社からその取締役にあてて振り出されたこと，②その手形の振出しにつき取締役会の承認がないこと，③上記①・②をその第三者が知っていることを会社が主張立証しない限り，会社は手形の責任を免れない（最判昭和46年10月13日民集25巻7号900頁，相対的無効説）。

第3節
取締役

　また，A社がその取締役である甲に不動産を売却した場合には，A社と甲との間の売買は無効である。ただ，甲がその不動産を乙に売却した場合には，A社と甲との取引が，①不動産取引が自己取引に当たること，②A社と甲との取引についてA社の取締役会の承認がないこと，③上記①・②を乙が知っていることをA社が主張立証して初めて，A社は乙に対し取引の無効を主張できる（東京地判平成25年4月15日判タ1393号360頁，相対的無効説）［江頭2021，463頁］。

（2）取締役会の承認のない間接取引の効力

　取締役会の承認のない間接取引について，次のような判例がある。すなわち，会社が代表取締役の債務について債務引受けをしたケースで，その取引について取締役会の承認を受けなかったことのほか，相手方がその旨を知っていることを主張立証して初めて，会社は無効であることを主張できる（最判昭和43年12月25日民集22巻13号3511頁）。

7 ┃ 無効の主張権者

　会社の保護を目的とする制度であるので，会社以外の者から無効を主張することはできない（最判昭和48年12月11日民集27巻11号1529頁）。

8 ┃ 取締役の損害賠償責任

（1）任務を怠ったものとの推定

　利益相反取引により会社に損害が生じたときは，①自己取引をした取締役と，第三者のために取引を行った取締役（会社法423条3項1号），②取引に関する取締役会の承認の決議に賛成した取締役（会社法423条3項3号）は，その任務を怠ったものと推定される（会社法423条3項1号）。

　取締役会で承認決議をしても，上記推定が及ぶので注意されたい。

（2）取締役会議事録に関する注意事項

　なお，取締役会の決議に参加した取締役であって，議事録に異議をとどめない者は，その決議に賛成したものと推定される（会社法369条5項）。

　これを具体的に言うと，次のようなことである。すなわち，取締役会議事録の本文に自分が反対したことが記載されていれば，上記推定は及ばない。次に，会社の作成した議事録の本文に自分が反対した旨の記載がないので，自分が反対した旨を書き込むことを要求し，実際に書き込まれた場合も，上記推定は及ばない。

　それでは，そのような要求をしたにもかかわらず，会社側が書き込むことを認めず，自分が反対したことが取締役会議事録上明らかにならなかった場合には取締役としてどうすればよいのであろうか。そのようなことが予想される場合には，テープレコーダーを用意しておき，自分の要求が受け入れられなかったことを録音しておくほか，「自分が取締役会で反対したことと，そのことを議事録に記載することを要求したにもかかわらず拒否されたこと」を明らかにした配達証明付内容証明郵便を即日会社に対して発送するべきである。

　この内容証明郵便が会社法369条5項の「異議」に当たり上記推定が及ばないのか，上記「異議」は取締役会議事録に記載されている必要があるので一応推定は及ぶが，内容証明郵便・録音テープがその推定を覆すものなのかについて議論した文献が見当たらない。しかし，いずれにせよ訴訟等になった場合には，推定規定に基づいて，決議に賛成したと裁判所が認定することはないものと思われる。

　上記（1）①の直接取引をした取締役のうち自己のために取引をなした者については，無過失責任であるほか，株主総会によりその責任の一部を免除すること（会社法425条），取締役会の決議により免除できること（会社法426条）と責任限定契約を締結できる旨を，定款で定めることは許されない（会社法428条2項）。

　それ以外の取締役は，上記の推定を覆すことにより損害賠償責任を免れうる

第3節　取締役

（会社法428条1項）。

9 ┃ 株主による攻撃方法

　非上場会社では，取締役会設置会社（会社法2条7号）でありながら，実際には取締役会を開催しない会社も少なくないが，そのような会社では自己取引について取締役会の承認を得ることはあり得ない。また，取締役会を普段開催している会社においても，ワンマン会社では会社とワンマン取締役との間の利益相反取引について取締役会の承認を得ていないことが多い。

　この場合，攻撃側としては，利益相反行為の差止め（会社法360条）や，上記の承認を得ないことを理由とする株主総会における取締役解任の手続き（会社法339条，341条），その株主総会で解任が否決された場合の取締役解任の訴え（会社法854条），株主代表訴訟による取締役に対する損害賠償請求（会社法847条）等により攻撃することが可能である。

　そのほか，当該取締役の執行停止の申立て（民事保全法56条：会社法352条）も考え得るが，これについては〔設例22〕を参照されたい。

　利益相反行為の差止めについては〔設例21〕を，解任手続については〔設例18〕を，取締役解任の訴えについては〔設例20〕を，また，株主代表訴訟については〔設例17〕を参照されたい。

設例54

競業取引違反

　取締役会設置会社の取締役は，自己または第三者のために会社の事業の部類に属する取引をしようとするときは，どのような手続をとる必要がありますか。

　また，取締役会の承認を得ない場合にはどうなりますか。取締役会の承認があっても，取締役が会社に対して賠償責任を負うことがありますか。

A　取締役会の承認手続が必要です。
　　承認を得ない場合は，損害賠償を支払う義務があります。取締役会の承認があっても，取締役が会社に対して賠償責任を負うことがあり得ます。

解説

1 ┃ 取締役会の承認

　取締役は，自己または第三者のために会社の事業の部類に属する取引（競業取引）をしようとするときは，当該取引について重要な事項を開示し，取締役会の承認を受けなければならない。そして，競業取引をした取締役は，遅滞なく，当該取引についての重要な事実を取締役会に報告しなければならない（会社法356条1項1号，365条）。取締役の競業取引は，取締役が会社のノウハウや顧客情報等を奪う可能性が高いので，予防的形式的に規制を加えたものである［江頭2021，453頁］。

2 ┃ 形式説と実質説

　「自己または第三者のために」には，形式説と実質説がある。形式説は，自己または第三者が権利主体となると解するものであり，実質説は自己または第三者が実質的な損益の帰属主体になると解するものである［江頭2021，454頁］。

　旧商法時代には実質説が通説であったが，会社法の立案担当者は，形式説を

とっている。その理由として，会社法においては「計算において」については会社法120条１項の条文上「計算において」と規定されていること，介入権が廃止されたことをあげている［相澤2006，323頁］。なお，判例はないが，学説は従来どおり実質説が多い。

3 │ 取締役会の承認がある場合における取締役の損害賠償責任

　取締役会の承認を受けても，その競業取引により会社が損害を受ければ，任務を怠った取締役は会社に対して損害賠償を支払う義務がある（会社法423条１項）。ただし，正当な目的に基づき承認がなされたときは，結果的に会社に損害が生じても，任務を怠ったことにならない。

4 │ 取締役会の承認がない場合における取締役の損害賠償責任

　承認を得ずに競業取引をした取締役は，承認があった場合とは違い，無条件に任務を怠ったことになり，会社に対して損害賠償を支払う義務がある（会社法423条１項）。その場合，当該取引により取締役または第三者が得た利益の額は，損害賠償額と推定される（会社法423条２項）。利益相反取引については同様の規定がないが，その理由は，旧商法でそうなっていないことのほか，利益相反取引については損害の立証がそれほど困難でないためと思われる。

5 │ ワンマン社長が経営する会社

　ワンマン社長が経営する会社では，競業避止義務違反のケースは少なくない。それは，取締役等もワンマン社長に反対すると，会社における立場がなくなるので，黙認せざるを得ないことが多いからである。また，老練なワンマン社長は，重要な地位にある取締役等にもその利益を配分し，一種の共犯関係にすることもある。現経営陣側の取締役が取締役会の承認を得ないで競業取引をしている場合の攻撃方法については，〔設例53〕を参照されたい。

取締役の欠員

　取締役が欠けた場合や，会社法または定款で定められた員数を欠くこととなった場合は，どうなるのでしょうか。その後，取締役が選任され，員数が充足された場合は，どうなりますか。

A　　一定の場合は，従来の取締役が取締役としての権利義務を有します。また，裁判所が「一時取締役」を選任することもあります。
　　その後，取締役の員数が充足された場合は，従来の取締役は取締役としての権利義務を失い，一時取締役の任務は当然に終了します。

解説

1 ┃ 取締役権利義務者

　取締役が欠けた場合や，会社法または定款で定められた員数を欠くこととなった場合は，会社は遅滞なく後任の取締役選任の手続きをしなければならない（会社法976条22号）。任期の満了または辞任により退任した取締役は，新たに選任された取締役（後述の一時取締役を含む）が就任するまで，取締役としての権利義務を有する（会社法346条1項）。これを「取締役権利義務者」という。

　この取締役権利義務者を解任の訴えの対象とすることはできない（最判平成20年2月26日民集62巻2号638頁）。上記判例は，第1に，会社法854条は解任請求の対象を単に役員と規定しており，役員権利義務者を含む旨を規定していないこと，第2に，会社法346条2項は，裁判所は必要があると認めるときは利害関係人の申立てにより一時役員の職務を行うべきものを選任することができると定めているためである。すなわち，役員権利義務者に不正行為等があり，役員を新たに選任することができない場合には，株主は，必要があると認めるときに該当するものとして，一時役員の選任を裁判所に対して申し立てることができ，一時役員が選任されれば，取締役権利義務者の地位を失うことを理由としている。

2 ▌一時取締役

取締役が欠けた場合や，会社法または定款で定められた員数を欠くこととなった場合に，利害関係人が本店所在地の地方裁判所（会社法868条1項）に対して申立てをし，必要があると裁判所が認めるときは「一時取締役の職務を行うべき者」を選任することができる（会社法346条2項）。「一時取締役の職務を行うべき者」は，通常「仮取締役」と呼ばれることも多いが，法律的には「一時取締役」である（会社法870条1項1号）。

一時取締役選任の申立ては，書面による必要がある（非訟事件手続法43条1項；会社非訟事件等手続規則1条）。審問は会社法上要求されていないが（会社法870条），実務では選任の必要性について取締役の意見・反論を聞くために，審問（書面審問を含む）がなされている［大竹2020，52頁］。

申立権のある利害関係人としては，株主，取締役，監査役，会計監査人，従業員，債権者等が挙げられ，会社自身は選任の効果を直接受ける事実上の当事者であり，利害関係人ではないとして申立権を有しないと解されている［大竹2020，41頁，45頁］。

一時取締役には弁護士が選任されるのが通常であり，申立人の推薦する者は選任されないのが原則である［大竹2020，51頁］。

〔設例22〕で述べた職務代行者と違い，一時取締役の職務権限には制限がなく，取締役と同等の権限がある［江頭2021，416頁］。一時取締役の選任に際しては，報酬・費用の見込額の予納が必要である［大竹2020，256頁］。

一時取締役が選任されたら，裁判所書記官は，登記の嘱託をなす（会社法937条1項2号イ）。

裁判所は，一時取締役を選任したときには，一時取締役および会社の意見を聞いて会社が一時取締役に対して支払う報酬の額を定めることができる（会社法346条3項，870条1項1号）。これに対して，会社および報酬を受ける者は即時抗告をすることができる（会社法872条4号，870条）。

この制度は，取締役のほか会計参与，監査役，代表取締役についても設けら

れている（会社法346条1項，329条，351条）。同様の制度が会計監査人について
も設けられているが，選任権者が「裁判所」ではなく，「監査役」である（会
社法346条4項）。

　株主総会で新たに取締役が選任され，欠員状態が解消されると，一時取締役
の任務は当然に終了する。新取締役の就任登記がなされれば，登記官は職権で
一時取締役の抹消登記をなす（商業登記規則68条1項）［東京地裁商事研2009，36
頁］。また，取締役権利義務者は，その権利義務を失う。

Column⑩　大義名分

　「非上場会社の敵対的M＆A」においては，大義名分が重要である。

　というのは，第三者からすると，「攻撃側」も「防衛側」も「どっちもどっ
ち」と感じられることが多いからである。勝利するためには第三者（裁判所
も含む）が自陣営の味方，悪くとも中立の立場に立つことが望まれる。

　たとえば，オーナー側と番頭側とが争う場合，オーナー側の大義名分とし
ては，「三代にわたって経営を継続してきた評判の良い立派な会社であるのに
もかかわらず，番頭が私欲によりその会社を乗っ取ろうとしている。それか
ら防衛する」等が考えられる。

　番頭側の大義名分としては，「オーナー一族は自分の利益のみを考え，従業
員の待遇が悪く，取引先に対し無理難題を強いる。その経営を正しいものと
し，従業員と取引先に利益を与える」等が考えられる。

　第三者が大義名分に従いどちらの味方になるかを決める場合がある。そう
ではなく，大義名分と関係なくどちらにつくか決定することがある。その場
合，自分サイドの大義名分の方が相手方サイドの大義名分より本当らしけれ
ば，それに安心する。また，どちらの大義名分も程度が同じであっても，決
定は通常維持される。相手方サイドの大義名分の方が圧倒的に説得力があれ
ば，一度なした決定につきそれでよいのか再検討することがある。

取締役会決議の瑕疵

　取締役会決議の瑕疵には，どのようなものがあるのでしょうか。瑕疵がある場合には，取締役会決議の効力はどのようになるのでしょうか。また，瑕疵がある場合には，取締役会決議について無効確認の訴えを提起することはできるでしょうか。そのほかにも取締役会決議の瑕疵について教えてください。

A　　下記，解説をご覧ください。

解説

1 ｜ 非上場会社の株主による支配権獲得戦における取締役会決議の瑕疵

　非上場会社の株主による支配権獲得戦においては，取締役会決議の瑕疵が問題となることが少なくない。たとえば，上記獲得戦が発生した場合に，従来取締役会議事録は作成されていたものの，実際には開催されていなかった取締役会決議の効力が問題とされることは少なくない。また，上記獲得戦が発生した後にも従来の扱いを変えず，実際には取締役会を開催せず議事録だけで済ませていた結果，取締役会決議の効力が争われることも，まれには存する。

　著者の経験でも，商法時代に次のような事例があった。

　すなわち，従来一度も取締役会が開催されたこともない会社の代表取締役社長が増資手続を進めようとしたところ，著者に依頼した副社長がそれに反対したが，社長が増資手続を強行しようとした。しかも，従来どおり取締役会を実際に開催せず，取締役会議事録だけで手続を進めようとしたので，株主でもある副社長が「新株発行差止めの仮処分」を申し立てた。取締役会を開催していなかったので，会社は審尋期日における裁判所の勧告に従い新株発行手続を中止し，副社長も仮処分を取り下げた。

このように，取締役会をまったく開催しない場合の取締役会決議に瑕疵があることは，会社法に縁遠い者にとっても理解しやすいものと思われる。

2 ┃ 持回り決議

ところが，誤解されがちなのは，取締役が集まらず決議の内容を記載した書面に取締役が順次署名・押印するような，いわゆる持回り決議についてである。これを有効であると誤解している向きも少なくないが，無効であるので，注意をする必要がある。取締役会は，取締役がお互いに意見を交わすことができる状態で開催される必要がある。したがって取締役が一堂に会する場合のほか，テレビ会議や電話会議等でなされる決議は有効だが，持回り決議は取締役が意見を交わす場がないので，決議された旨の取締役会議事録が存在しても，その決議は無効である（最判昭和44年11月27日民集23巻11号2301頁）。

なお，取締役が取締役会の決議の目的事項について提案をした場合において，取締役全員が書面または電磁的記録により同意の意思表示をしたときには，当該提案を可決する旨の取締役会決議があったものとみなすことを定款で定めることができるので（会社法370条），その旨の定款がある場合には持回り決議も有効である［東京地裁商事研2011b，557頁］。

3 ┃ 取締役会決議に瑕疵が存する場合の決議の効力

取締役会決議に瑕疵が存する場合には，株主総会決議と違い特別の訴えの制度が会社法に定められていないので，瑕疵の性質を問わず，その決議は当然に無効であり，誰から誰に対しても，いついかなる方法でも無効を主張できると解されている［江頭2021，439頁］。

現在の訴訟実務は，「確認の利益」がある限り，取締役会決議無効確認訴訟の類型（最判昭和47年11月8日民集26巻9号1489頁）と取締役会決議不存在確認訴訟の類型を認める［東京地裁商事研2011b，543頁］。

ただ，株主総会（会社法830条，831条）と違い，取締役会については決議の瑕疵に関する条文がない上，無効と不存在の効果に違いがないので，取締役会

決議無効確認訴訟と取締役会決議不存在確認訴訟をそれほど厳密に峻別する必要はないものと考えられる。したがって，取締役会決議無効確認の訴えが提起された場合に，裁判所が不存在との心証を得たときでも，不存在の訴えに変更する手続きを経ず，無効確認の判決を下すことも許されると解されている［東京地裁商事研2011b，544頁］。

取締役会決議無効確認の訴え，取締役会決議不存在確認の訴えの原告は，通常，株主や取締役である［東京地裁商事研2011b，544頁］。

管轄について明文の規定はないが，後に述べるように対世効の存する判決もあるので，会社法835条1項を類推し，会社の本店所在地を管轄する地方裁判所の専属管轄と解する［東京地裁商事研2011b，559頁］。

取締役会決議無効確認の訴え，取締役会決議不存在確認の訴えについて，原告が勝訴した場合の対世効（第三者に対しても効力を有するということ）について定めた条文はない。そのため，対世効はないとする学説が多いが［大隅1992，205頁；田中1993，606頁；上柳1987a，117頁］，代表取締役の選定決議（会社法362条2項3号，3項），会計監査人設置会社における計算書類の確定（会社法439条）等，画一的確定の要請があるものについては会社法838条の類推適用により対世効を認める学説［江頭2021，439頁］もある。これについて裁判例は見当たらない［東京地裁商事研2011b，548頁］。

4 ┃ 取締役会決議の瑕疵の具体例

取締役会をまったく開催しない場合（取締役会決議不存在）以外の取締役会決議の瑕疵には，次のようなものがある。

（1）　株主総会決議により取締役会に委任された事項について委任の範囲を超えた決議をなした場合（東京高判平成9年12月4日判時1657号141頁）である。

（2）　取締役会招集通知が欠けている場合（最判昭和56年4月24日判時1001号110頁）である。なお，判例（最判昭和44年12月2日民集23巻12号2396頁）は「取締役会の開催にあたり，取締役の一部の者に対する招集通知を欠くことにより，その招集手続に瑕疵があるときは，特段の事情のないかぎり，

右瑕疵のある招集手続に基づいて開かれた取締役会の決議は無効になると解すべきであるが，この場合においても，その取締役が出席してもなお決議の結果に影響がないと認めるべき特段の事情があるときは，右の瑕疵は決議の効力に影響がないものとして，決議は有効になると解するのが相当である」と判示しているが，これに批判的な学説も多い。

（3）　また，特別利害関係人（会社法369条2項）が議長となるほか決議に参加した場合には，特別利害関係人を除いて計算した結果過半数になるとしても瑕疵があるとした裁判例（東京地判平成7年9月20日判時1572号131頁）が存する。

（4）　なお，取締役会の承認が会社法上必要な場合であっても，全株主の同意があれば，承認は不要である。たとえば，会社法356条1項2号・3号の自己取引についての承認（最判昭和49年9月26日民集28巻6号1306頁；最判昭和45年8月20日民集24巻9号1305頁），会社法356条1項1号の競業取引についての承認（大阪地判昭和58年5月11日判タ502号189頁），株式譲渡についての承認（会社法136条，137条；最判平成5年3月30日民集47巻4号3439頁）が，それである。したがって，上記事項について仮にその承認した取締役会決議に瑕疵があったとしても，全株主の同意があることにより，そもそも取締役会承認決議が不要であるのだから，取締役会決議の瑕疵は問題とならない。

5 ｜ 瑕疵のある決議に基づいてなされた代表取締役の行為

　取締役会決議に瑕疵があり無効であるとしても，それに基づいて代表取締役がなした取引は原則として有効である。ただし，相手方が決議を経ていないことを知り，または知り得べかりしときに限って無効である（最判昭和40年9月22日民集19巻6号1656頁）。

設例57

役員の地位を仮に定める仮処分

　私（甲）は現在中小企業の社長をしています。私のほか，乙，丙，丁が取締役でした。ところが，いつの間にか甲，乙，丙，丁の取締役の登記が抹消されX，Y，Zが取締役として，Xが代表取締役として登記されています。実は，20年ほど前にも同じようなことがあり，元に戻すのに大変苦労したことがあります。どのようにすればよいでしょうか。

A　　　内容は，解説をご覧ください。

解説

　登記の申請は，書面でしなければならないところ（商業登記法17条1項），商業登記で代表者の変更をするには新代表者が記名押印するので（商業登記法17条2項），悪意の者が株主総会の議事録，取締役会議事録等の書類を偽造すれば，取締役に選任されていなくても，登記上そのような形を作ることは可能であった。

　著者も商法時代に，同様の事件の依頼を受けたことがある。

　そこで，そのようなことを防ぐために法務局では，平成15年より次のような扱いをしている。

　①会社の役員全員を解任する変更登記の申請があった場合には，会社に連絡する。②解任されたとされる役員から求められた場合，登記申請書，添付書類の閲覧を認めたり，写しを交付する。③登記完了前に「申請人が代表者ではないことについての仮処分決定書」等が提出されたときには審査の資料とする。④登記完了後に，解任されたとされる代表取締役から「その者が代表者の地位にあること及び登記された代表取締役はその地位にないことの仮に定める内容の仮処分決定書」を添付して当該登記の抹消申請がなされたときには，他に却下事由がない限り抹消の登記がなされるとの扱いがなされている（平成15・5・

6法務省民商1405法務省民事局商事課長通知）［東京地裁商事研2011b，918頁］。

　③の仮処分決定は申立てが認容されることが割合多いが，④の仮処分決定が認められることは少ない。というのは，③は現状維持の仮処分であるが，④は，そうではないからである。④については，〔設例22〕の取締役の職務執行停止と職務代行者の選任の仮処分以上に，「被保全権利」と「保全の必要性」が厳格に解されている［東京地裁商事研2011b，919頁］。そこで，法務局から①の連絡が来た場合には，至急，仮処分の申立てをするとともに法務局と密接な関係を保つべきである。

設例58

取締役と会社の間の訴訟の代表者

取締役会設置会社では，代表取締役が代表権を有すると思いますが，取締役と会社が訴訟をするときにも会社を代表するのは代表取締役ですか。

A そうではありません。

解説

1 ┃ 会社と取締役以外の者が訴訟をする場合

代表取締役が会社を代表する（会社法349条４項）。監査役との訴訟についても同様である。

2 ┃ 会社と取締役（取締役であった者を含む）が訴訟をする場合

いわゆる馴れ合い訴訟を防ぐため，下記のような特則が定められている。

（1）監査役設置会社（会社法２条９号）でない会社が訴訟をする場合

株主総会は会社を代表する者を定めることができる（会社法353条）。その後，株主総会は会社を代表する者を変更することができる。

上記により株主総会が会社を代表する者を定めない場合には，取締役会が会社を代表する者を定めることができる（会社法364条）。その後，取締役会は会社を代表する者を変更することができる。なお，取締役会が会社を代表する者を定めた後に，株主総会決議で会社を代表する者を変更することができる。

（2）監査役設置会社（会社法2条9号）が訴訟をする場合

　監査役が会社を代表する（会社法386条1項1号）。監査役が複数存在する場合は，各監査役が代表する。なお，監査役は選任されているものの，監査役の監査の範囲を会計に関するものに限定する旨の定款の定めがある場合は，監査役設置会社（会社法2条9号）ではなく，（1）と同様である。

　最終交換等完全親会社である監査役設置会社がその株式交換等完全子会社の取締役・執行役・清算人の責任を追及する訴えを提起する場合や，最終完全親会社等である監査役設置会社がその完全子会社等の取締役・執行役・清算人の責任を追及する訴えを提起する場合は，監査役が会社を代表する（会社法386条1項2号・3号）。

第4節　監査役

設例59

使用人兼務取締役の解任

　当社の取締役兼総務部長が，当社に対する敵対的買収を狙っている会社と通じているようです。そこで，この取締役兼総務部長を解任したいのですが，どのようにすればよいのでしょうか。

　解任できれば，出社を禁止することができますか。

A　「取締役の地位」については株主総会による解任が，「使用人の地位」については代表取締役による解雇が，考えられます。

　解任・解雇ができれば，原則として出社を禁止することができます。

解説

1 ▌取締役の解任

　使用人兼務取締役とは，使用人の立場を兼ねている取締役のことである。

　取締役については，株主総会で議決権の過半数を制することができれば解任すること自体は容易である。ところが，使用人の地位を解雇することは，後述するようにそれほど簡単ではない。

　取締役の解任については，〔設例18〕を参照されたい。

　取締役は，いつでも株主総会の決議により解任することができる。その決議は，議決権を行使することができる株主の議決権の過半数（3分の1以上の割合を定款で定めた場合にあっては，その割合以上）を有する株主が出席し，出席した株主の議決権の過半数（これを上回る割合を定款で定めた場合にあっては，その割合以上）をもって行わなければならない（会社法339条1項，341条）。なお，解任について正当な理由がない場合には，会社が解任された取締役から解任によって生じた損害の賠償を請求される（会社法339条2項）。それに反して，正当な理由があれば，会社は損害を賠償する必要はない。正当な理由の有無にかかわらず，解任自体は有効である。

解任を決議した株主総会の決議に瑕疵がない限り，使用人兼務取締役は，取締役解任無効を前提として取締役の資格について仮処分・訴訟で争うことはできない。

2 ┃ 使用人の解雇

　しかし，取締役解任が有効だとしても，使用人兼務取締役には使用人の地位が残る。客観的に合理的な理由を欠き，社会通念上相当であると認められない場合は，解雇は無効となる（労働契約法16条）。解雇とりわけ懲戒解雇については，裁判所が有効と認めないことが非常に多く，使用人が解雇を争って仮処分・本訴を裁判所に対して提起した場合，使用人が勝訴することが少なくない。裁判所とりわけ労働専門部では，イデオロギーが絡まない限り労働者に好意的なことが多いので，その点を留意する必要がある。しかし，弁護士に委任して解雇を裁判で争うことについては費用・時間がかかるので，使用人が「泣き寝入り」することも少なくない。

　また，仮処分では解雇に無効原因があると裁判所が判断すると賃金の仮払いを命じる「賃金仮払いの仮処分」が下されるが，原則として使用人に就労請求権がないとするのが通説・裁判例（東京高決昭和33年8月2日判タ83号74頁）であるので，労働者たる債権者が使用者たる債務者に対し雇用契約上の地位を有することを仮に定める旨の「地位保全仮処分」が下されることはほとんどない。

　そこで，解雇につき万全の理由があるとの確信がない場合であっても，使用人の解雇処分をした上で出社を禁止をすることも一考に値すると思われる。

　そのほか，使用人兼務取締役の使用人の地位については，解雇せずに出社を禁止することも考えられる。使用人には就労請求権がないので，上記も可能である。ただ，紛争における対処法としては，いささか迫力に欠ける感がなきにしもあらずである。

設例60

監査役の重要性

　会社法では監査役には強い権限が定められていますが，現実には必ずしもその機能が充分に働いていないことが多いと思います。非上場会社における支配権獲得戦では，どうでしょうか。

A 　監査役が本気で権限を行使するのであれば，強い影響力を持ちます。したがって，攻撃側の者が監査役であると，防衛側が困った事態になることがあります。

解説

1 ┃ 監査役の強い権限

　監査役は，取締役の職務の執行を監査するという強い権限（会社法381条）を有する。しかし，現実には，代表取締役に選任権を事実上掌握されていることが多いためか，平時には，監査役はその権限を厳格に行使する場面は限られており，監査役がそれほど重要視されていないことが多い。

　ところが，いったん経営権をめぐる紛争が発生した場合，監査役の力が発揮される。したがって，支配権獲得戦が発生し，旧経営陣が取締役から一掃されても，従来どおり監査役のポストを自陣営で確保しておくことができれば，旧経営陣は新経営陣をけん制することが可能である。

　役員の中で監査役だけが旧経営陣に属する者であり，それ以外の取締役がすべて新経営陣に属する者である状況下では，多数派となった新経営陣が監査役に対してプレッシャーをかけて辞表を提出させようとすることがある。しかし，取締役会に出席して（会社法383条1項）会社の内部情報を収集できるなど，監査役には強い権限があるので，旧経営陣側の監査役は絶対に辞任してはならない。

　しかも，取締役会は多数決で決議をするので（会社法369条1項・2項），取

締役の過半数を占めない限り，取締役の権限には限界があるが，監査役はいわゆる独任制の機関であり［江頭2021，555頁，562頁］，複数の監査役がいても各自が単独でその権限を行使できるという強みがある。

　ただ，公開会社でない株式会社（監査役会設置会社および会計監査人設置会社を除く）が監査の範囲を「会計に関するもの」に定款で限定した場合は，監査役にはそれほど権限がない（会社法389条1項・7項）。上述した取締役会への出席権限もない。なお，旧商法時代に小会社（株式会社の監査等に関する商法の特例に関する法律1条の2第2項）であった株式会社であり，全株式譲渡制限会社であるものは，会社法下では上記定款の定めがあるものとみなされる（会社法の施行に伴う関係法律の整備等に関する法律53条）。

2 ┃ 監査役の職務

　以下では，原則として，監査の範囲に限定がない監査役を前提として，監査役の強い権限につき論じる。

　たとえば，A株式会社の甲という株主グループと，乙という株主グループとの間で支配権争いがあり，甲グループの者も乙グループの者も取締役に選任されているとする。

　両派がそれぞれ相手方グループの取締役に違法な行為があると主張し，それについて取締役会で議論がなされたり，善管注意義務に違反した代表取締役を取締役会決議により解職すること（会社法362条2項3号）もあり得る。その際，監査役は決議に参加することはできないが（会社法369条1項），取締役会に出席し，意見を述べることもでき（会社法383条1項），事実上の影響力を行使できる。

　また，監査役はいつでも取締役，使用人等に対して事業の報告を求め，会社の業務および財産の状況を調査することができる（会社法381条2項）。取締役等が応じない場合には，必要な調査ができなかったことと，その理由として，取締役等が協力しなかったことを監査報告に記載することとなる（会社法施行規則129条1項4号）。そのほか，取締役が調査妨害をすれば，過料となる場合

第4節　監査役

もある（会社法976条5号）。監査役は，その職務を行うために，必要があると
きは子会社に対して事業の報告を求め，または子会社の業務および財産の状況
の調査をすることができる（会社法381条3項）。なお，子会社は正当な理由が
あるときでなければ，報告または調査を拒むことができない（会社法381条4項）。

　取締役が不正の行為をし，もしくは不正の行為をするおそれがあるとき，ま
たは法令もしくは定款に違反する事実もしくは著しく不当な事実があると認め
るときは，監査役は遅滞なく，その旨を取締役会に報告しなければならない
（会社法382条）。また，その場合，監査役は取締役会の招集権者に対して取締役
会の招集を請求することができる。その請求をした日から5日以内に，請求を
した日から2週間以内の日を会日とする招集通知が発せられない場合には，監
査役は自ら取締役会を招集することができる（会社法383条2項・3項）。なお，
この取締役会において上記以外の議題が提案された場合，それを議題とするこ
とができる［東京弁護士会2016，384頁］。

　監査役は，取締役が株主総会に提出しようとする議案，書類等を調査しなけ
ればならない。この場合において法令もしくは定款に違反し，または著しく不
当な事項があると認めるときは，その調査の結果を株主総会に報告しなければ
ならない（会社法384条）。

　監査役は，取締役が会社の目的の範囲外の行為，その他法令もしくは定款に
違反する行為をし，またはこれらの行為をするおそれがある場合で，その行為
によって会社に著しい損害が生じるおそれがあるときは，取締役に対してその
行為をやめることを請求することができる（会社法385条1項）。その場合に，
監査役がそのために仮処分を申請し，裁判所が仮処分を認容するときには担保
を立てさせないものとされている（会社法385条2項）。

　会社が取締役または取締役であった者を被告とする訴訟においては，監査役
が会社を代表する（会社法386条1項）。監査役は，形式的に会社を代表するの
ではなく，訴えを提起するかどうかを決定すること，訴えの提起，訴訟の追行，
訴えの取下げ，和解，請求の放棄，上訴等のすべてについての決定権を有する。
　その結果，訴訟代理人である弁護士の選任権も監査役に帰属する。したがっ

て，弁護士との訴訟委任契約も，代表取締役ではなく，監査役が締結する。ちなみに，監査役の権限はその限りであり，それ以上ではないので，監査役が約束した報酬を会社が弁護士に支払わない場合には，弁護士が会社を被告として訴えを提起する際に会社を代表するのは監査役ではなく，代表取締役であると解される。

代表訴訟に関して株主が会社に対して，会社が取締役の責任を追及することを請求する場合は，監査役が会社を代表する（会社法386条2項1号）。

3 ▍監査役の任期

監査役の任期は，原則として，選任後4年以内に終了する事業年度のうち，最終のものに関する定時株主総会の終結の時までであり（会社法336条1項），定款・株主総会決議によってもこれを短縮することはできない。

このため，原則として選任後2年以内に終了する事業年度のうち，最終のものに関する定時株主総会の終結の時までとし，定款または株主総会で短縮することが許される取締役の任期（会社法332条1項）と違い，任期が長い。

ただし，任期満了前に退任した監査役の補欠として選任された監査役の任期を，退任した監査役の任期が満了するまでとすることを定款で定めることは許され（会社法336条3項），大部分の会社ではその定めがある。

このような定款がある場合，次のように当該監査役が補欠として選任されたかどうかが問題となることがある。従来，監査役が甲・乙の2名であったとする。甲が病気になって辞任した後，丙が監査役に選任された場合に，総会決議等で補欠であることが明らかになっていればよいが，そうではない場合には，丙は通常の任期となるのか，甲の予定されていた任期となるのかという問題が発生することがある。著者もこの問題に直面したことがある。

なお，公開会社でない会社においては，監査役も取締役も，定款で選任後10年以内に終了する事業年度のうち，最終のものに関する定時株主総会の終結の時まで任期を伸長することができる（会社法336条2項）。

4 ▮ 監査役の解任の困難性

　取締役を解任するには，旧商法下では株主総会の特別決議が必要であったが（旧商法280条，257条2項），会社法下では議決権を行使できる株主の議決権の過半数（3分の1以上の割合を定款で定めた場合は，その割合以上）が出席し，出席した株主の議決権の過半数（これを上回る割合を定款で定めた場合は，その割合以上）をもって足りるようになった（会社法339条1項，341条）。ところが，監査役を解任するには，依然として株主総会の特別決議が必要である（会社法309条2項7号）。その結果，取締役と比較して監査役の地位は，相対的に保障されていると言える。

　上記議決要件が充足された場合には解任は有効であるが，正当な理由がなければ，解任された監査役は，解任によって生じた損害賠償を会社に対して請求することができる（会社法339条2項）。通常この額は，任期満了の予定日までの報酬と解される［江頭2021，552頁，413頁］。

設例61

非上場会社の支配権獲得戦の特徴

非上場会社の支配権獲得戦の特徴は，どんなものがありますか。

A　　以下，解説で述べるような特徴があります。

解説

非上場会社の支配権獲得戦の特徴は次の4つである。

1 ┃ 当 事 者

　1つ目の特徴は，当事者である。著者の経験では，親族間の争いと，オーナー死亡後のオーナーの相続人と番頭の争いが多いように思われる。オーナーと番頭の関係は，オーナーの生存中に微妙なことも多いが，それなりに安定している場合も少なくない。ところが，オーナーが死亡することにより，そのバランスが崩れ，従来から実権を握っていた番頭がオーナーの相続人を重要ポストから外すケースも多い。

2 ┃ 会社法の不遵守

　2つ目の特徴は，争いが発生する以前に会社法が守られていなかったケースが多いことである。たとえば，中小企業では株主総会・取締役会が実際には開催されず，議事録だけが作成されていることが少なくない。実際には株主総会・取締役会が開催されていないのにもかかわらず，変更登記申請の添付書面である議事録が作成されることが多い。

　支配権獲得戦が発生しなければ，中小企業ではそのようなことは事実上問題にならないことが多いが，支配権獲得戦が発生し裁判所が関与することとなると，裁判所は法律に基づいて判断するので，その株主総会は不存在とならざるを得ない（会社法830条1項）。たとえば，一度株主総会における取締役選任決

議が不存在となると，それ以後の取締役選任決議も不存在となる可能性が高い。その点については〔設例50〕を参照されたい。

　以上の点からすると，会社を攻撃する側の代理人である弁護士はやりやすく，防衛する側の会社の代理人弁護士は苦労することが多い。

3 ┃ 訴訟・保全処分等のミス

　3つ目の特徴は，訴訟等・保全処分等で，ミスが多いことである。

　非上場会社の支配権獲得戦に関与する弁護士には，人間の行動を読む洞察力等のほか，会社法・民事訴訟法・民事保全法等の「法律に関する知識」，「税務についての知識」が必要である。

　法律については一応の理解では足りず，深い知識が必要である。また，特定の問題については判例・学説のほか法務局の扱いについての知識も必要である。以上述べたように，非上場会社の支配権獲得戦は「特殊な専門分野」であり，上記知識に欠ける弁護士が取り扱うことは危険である。

　たとえば，特許・意匠等の事件の依頼があった場合，知財事件を従来扱っていない弁護士がそれを単独で受任することは実務上ほとんどない。ところが，上記「特殊な専門分野」である非上場会社の支配権獲得戦の経験がない弁護士が単独で受任し，ミスをする例が少なくないように思われる。ちなみに，日本の裁判所で一番多数の会社訴訟を扱っていると思われる東京地裁商事部（民事第8部）の裁判官が執筆している東京地裁商事研2011b（933頁）には「会社法の理解が十分ではないと思われる主張が散見される」と記載されている。

4 ┃ 非上場会社の支配権獲得戦特有の制度の理解の有無

　4つ目の特徴は，非上場会社の支配権獲得戦特有の制度に対する理解の有無により，大きな判断の誤りが起こりかねないことである。

（１）少数株主による株主総会の招集請求

　たとえば，Ａ社について支配権獲得戦が行われているとする。特定の株式の帰属について甲グループと乙グループとの間で争いがあり，甲グループが現経営陣を構成しているとする。ある株式が株主名簿上甲グループのメンバーＸの名義になっているが，実は乙グループのメンバーＹに帰属することを前提に，乙グループが「現取締役の解任と自グループの者を取締役に選任すること」を目的として，たとえば「其取締役解任の件および取締役○名選任の件」を議題として株主総会の招集をＡ社の取締役（甲グループ）に対して請求したとする（会社法297条１項）。この場合，Ａ社とすれば自ら株主総会を開催し，同社の代表取締役が議長となり，問題の株式はＸに帰属するとして上記議題を否決するべきである。

　もちろん，その後株主総会決議取消しの訴え（会社法831条）を提起されることがあり得る。「当該株式が乙グループの株主に帰属するとする会社の敗訴判決」が確定すれば，決議は遡及して無効になる（会社法839条の反対解釈）。しかし，それまでの間は事実上，甲グループが経営権を維持できるという大きなメリットがある。

　ところが，Ａ社の弁護士（甲グループと親しい）が非上場会社の支配権獲得戦に慣れていない場合，株主総会を自ら開催しないことが少なくない。その結果，Ａ社の株主である乙グループのメンバーは裁判所の許可を得て（会社法297条４項），自ら株主総会を招集する。株式会社の定款には，代表取締役が議長となると定められていることが多い。ところが，株主が裁判所の許可を得て開催された株主総会では，その定款の規定は効力を有しない（広島高岡山支決昭和35年10月31日下民11巻10号2329頁；横浜地決昭和38年７月４日下民14巻７号1313頁）［大竹2020，33頁；東京地裁商事研2009，22頁］）。したがって，通常は株主総会を招集した株主が仮議長となり，正式の議長となるケースが多い。

　そこで，甲グループのメンバーであるＡ社の代表取締役であるＰが株主総会の議長となれば，事実上株主総会では問題の株式について甲グループのメン

バーに帰属するという処理をすることが容易であるが，株主総会を招集した株主が正式の議長となった場合は必ずしもそうではない。

　詳細は〔設例13〕を参照いただきたい。また，議長の重要性については〔設例51〕を参照されたい。

　全株式が株式譲渡制限株式（会社法2条17号）である会社について，取締役会を掌握している限り会社を乗っ取られないと過信している者もいるようであるが，そうではないので注意を要する。詳細は〔設例28〕を参照されたい。

（2）「職務執行停止と職務代行者選任」の仮処分

　現経営陣側の取締役が株主総会で選任された場合に攻撃側が株主総会の手続きを争うケースでは，攻撃側とすれば問題となっている取締役に対して「職務執行停止と職務代行者選任」の仮処分を申し立てるべきである。しかし，その申立てをしないことが少なくない。「被保全権利」と「保全の必要性」の疎明資料が不充分な場合もあるかもしれないが，仮処分が下されないことが明白でない限り申し立てるべきである。まして，第1審で攻撃側が勝訴した場合は申し立てるべきである。というのは，職務執行停止と職務代行者選任の決定がなされれば，会社においては職務代行者に訴訟遂行権が帰属し，現経営陣側が訴訟手続を続行するのに，大きな支障が生じるからである。すなわち，現経営陣側は会社の訴訟に当事者として関与することができず，被告に対し「共同訴訟的補助参加」をするほかないからである。ちなみに，それに関する弁護士費用は現経営陣側が負担することになる。

和解における注意点

非上場会社における支配権獲得戦において，最終的に和解で話がまとまることは多いのでしょうか。その場合，どのような和解が多いのでしょうか。和解をする場合に気をつけるべきことは，どのようなことでしょうか。

A 　支配権獲得戦の勝ち負けが明らかになってくると，和解がまとまることは少なくありません。一番多いのは，少数派の有する株式を多数派が買い取るケースです。内容等については，解説を参照してください。

解説

1 ┃ 株式の取得に関する和解

支配権獲得戦では，最終的には和解で解決することが少なくない。

その内容は，最終的に多数を握った側が少数派からその有する全株式を譲り受けるものが多い。少数派であることが確定したグループにとって，そこそこの配当がない限り，その株式を持ち続けることにメリットがあまりない。多数派にとっては，敵対的株主が存在すると，単独株主権や少数株主権等を行使されるおそれがあり，それが煩わしい。そこで，株式譲渡という形での和解になることが多いものと思われる。なお，単独株主権と少数株主権については〔設例12〕を参照されたい。

多数派が少数派から譲渡制限株式（会社法2条17号）を取得する裁判上の和解（民事訴訟法267条）をなす場合にも，会社の承認が必要であることを忘れてはならない。実務上は，訴訟・保全処分等が裁判所に係属している場合に和解をするときには，裁判所の部屋を借りて取締役会の承認を行うこともある。ただ，株式譲渡制限の制度は「専ら会社にとって好ましくない者が株主となることを防止し，もって譲渡人以外の株主の利益を保護することにある」（最判平成5年3月30日民集47巻4号3439頁）ので，「特定の株式の譲渡につき株主全員

の承諾があったときは，取締役会の承認がなくとも，その譲渡を会社に対する関係においても有効に行うことができるものと解するべきである」（東京高判平成2年11月29日判時1374号112頁）とされている。したがって，少数派から買い取る株式以外の株式をすべて多数派が所有している場合は，多数派への株式譲渡に関する会社の承認は不要である。ただし，株式を売却する少数株主側とすると，念のため取締役会の承認を得ている方が確実であろう。

　株式を多数派に譲渡する和解の変形として，少数派がその株式の一部を多数派の株主に，残りを発行会社に譲渡することがある。株主が法人である場合，発行会社以外のものに譲渡すれば，おおよそ売却代金と簿価との差額が益金となり税金の対象となるが，発行会社に対して譲渡する場合には，一部がみなし配当となり（法人税法24条1項5号），法人である株式譲渡人にとって税金が安くなる場合があるからである（法人税法23条1項）。

　会社に株式を譲渡する場合に問題となるのが，会社法が原則として自己株式の取得を禁止していることである（会社法155条）。会社が株主との間の合意により有償で株式を取得するには，株主総会の決議によって，①取得する株式の数，②株式を取得するのと引換えに交付する金銭等の内容およびその総額，③株式を取得できる期間を定めなければならない（会社法156条1項）。

　会社が実際に株式を取得しようとする場合には，上記株主総会決議のほか，取締役会決議により，（イ）取得する株式の数，（ロ）株式1株を取得するのと引換えに交付する金銭等の内容および数，もしくは額または算定方法，（ハ）株式を取得するのと引換えに交付する金銭等の総額，（ニ）株式の譲り渡しの申込みの期日を定めなければならない（会社法157条）。その後，会社は株主に対して取締役会が定めた事項を通知しなければならない（会社法158条）。

　上記和解のように，特定の株主から株式を購入する場合には，株主総会で上記の決議をする際に，会社法158条の通知を特定の株主に対して行うことを，特別決議で定めなければならない（会社法160条1項，309条2項2号）。会社がその決定をする場合には，株主に対して，それらの株主が特定の株主に自己を加えたものを議案にすることを請求できる旨を通知しなければならない（会社

法160条2項)。

　たとえば，会社と特定の株主とが，5万株の株式の売買をしようとしても，仮に他の株主から同数の株式の売買を加えてほしいとする上記の請求があれば，特定の株主との間では結局2万5,000株の株式の売買しかできない。したがって，争っている当事者以外の者が所有している株式の数が少なければそれほど問題がないが，その数が相当数ある場合には，そのようなやり方は困難である。

　そこで，第三者からの買取請求を前提に，本来，会社が少数株主である甲から取得したい株式数より多数の株式を取得する手続きをとることが考えられる。たとえば，甲と会社が合意して，発行会社が甲より5万株を取得しようとする場合，他の株主から10万株を取得対象に追加してほしいとの請求が出てくることを予想して，上記（イ）の「取得する株式の数」を10万株にする。この予想が当たっていれば，会社が甲から取得できる株式数は「10万株÷（10万株＋10万株）×10万株＝5万株」となり（会社法159条2項)，会社と甲は目的を達成する。

　ただ，この方法では，次の2つの問題が発生する。すなわち，第1に，会社は必要としない株式を第三者から取得する必要が出てくること，第2に，第三者から取得対象に追加してほしいとの請求があった株式数が予想と違った場合，取得したい株式数と違った株式数を取得することになる点である。

　すなわち，後者について，上記事例において第三者から10万株を超す請求があると，甲からは予定の5万株より少ない株式数しか取得できない。逆に10万株に満たないと，甲との間で5万株を超えた株式数について売買契約が成立することとなり，甲が5万株しか所有していない場合には，売買契約の一部合意解除という問題が発生する余地がある。

　また，公開会社でない会社が株主の相続人その他の一般承継人から株式を取得する場合には，自己株取得の手続きをとれば足り，特定の株主からの株式購入の手続きをとる必要はない（会社法162条)。ただ，相続人等が株主総会または種類株主総会で議決権を行使した場合は，特定の株主からの株式購入の手続きをとる必要がある（会社法162条2号)。

2 ┃ 和解と登記

　和解をしても，その趣旨の商業登記をすることができるとは限らないので注意を要する。

　たとえば，取締役が選任された旨の登記がなされた後，その取締役を選任したとする株主総会決議の取消しの訴えが提起され，それが認められる判決が確定した場合，裁判所書記官は職権で会社の本店の所在地を管轄する登記所に対してその登記を嘱託する（会社法937条1項1号ト（2））。管轄登記所の登記官は，その取締役の登記について選任決議無効の判決確定を登記原因として，抹消する記号を記録する［松井2021，749頁以下］。

　しかし，裁判上の和解で株主総会の決議が無効であると確認しても，上記の登記嘱託はされない［東京地裁商事研2011a，389頁］ので，注意されたい。

　なお，そもそも，そのような和解が許されないという学説［東京地裁商事研2011a，389頁：大隅1992，132頁］もあるが，許されるとする学説［東京弁護士会1994，37頁］もある。

3 ┃ 退職慰労金に関する和解

　少数派の株主が会社の取締役であった場合には会社が取締役に対して退職慰労金を支払うという和解がある。退職慰労金の支払いに株主総会の決議が必要である（会社法361条）ので忘れてはならない。退職慰労金については〔設例24〕を参照されたい。

4 ┃ 代表訴訟に関する和解

　非上場会社における支配権獲得戦においては，代表訴訟が提起されることもある。非上場会社における支配権獲得戦についての全体的和解が成立する際，代表訴訟を終了させることがある。その場合に訴えの取下げであれば，原則として単独で取り下げる（民事訴訟法261条）ことが可能である。取締役の任務懈怠による損害賠償責任（会社法423条）は，総株主の同意がなければ，免除する

ことができない（会社法424条）。代表訴訟を提起した者と取締役との間で訴訟上の和解をしても効力がないのが原則である（会社法850条1項）が，会社の承認があれば，効力がある。

［引用文献］

・［相澤2005］相澤哲ほか「新会社法の解説—株式会社の計算等」『旬刊商事法務』1746号，2005年

・［相澤2006］相澤哲・葉玉匡美・郡谷大輔『論点解説　新・会社法』商事法務，2006年

・［相澤2009］相澤哲編『一問一答　新・会社法〔改訂版〕』商事法務，2009年

・［稲葉1990］稲葉威雄ほか『条解・会社法の研究—株式 1』商事法務，1990年

・［稲葉1992］稲葉威雄ほか編『〔新訂版〕実務相談株式会社法 3』商事法務，1992年

・［上柳1986］上柳克郎ほか編『新版　注釈会社法（3）—株式（1）』有斐閣，1986年

・［上柳1987a］上柳克郎ほか編『新版　注釈会社法（6）—株式会社の機関（2）』有斐閣，1987年

・［上柳1987b］上柳克郎ほか編『新版　注釈会社法（8）—株式会社の計算（1）』有斐閣，1987年

・［江頭2005］江頭憲治郎「新会社法制定の意義」『ジュリスト』1295号，2005年

・［江頭2021］江頭憲治郎『株式会社法〔第8版〕』有斐閣，2021年

・［大竹2020］大竹昭彦ほか編『新・類型別会社非訟』判例タイムズ社，2020年

・［大隅1992］大隅健一郎・今井宏『会社法論（中巻）〔第3版〕』有斐閣，1992年

・［大隅2010］大隅健一郎ほか『新会社法概説〔第2版〕』有斐閣，2010年

・［落合2009］落合誠一編『会社法コンメンタール 8—機関（2）』商事法務，2009年

・［酒巻2008a］酒巻俊雄・龍田節ほか編『逐条解説会社法　第2巻—株式・1』中央経済社，2008年

・［酒巻2008b］酒巻俊雄・龍田節ほか編『逐条解説会社法　第4巻—機関・1』中央経済社，2008年

・［新谷2019］新谷勝『会社訴訟・仮処分の理論と実務〔増補第3版〕』民事法研究会，2019年

・［鈴木1994］鈴木竹雄・竹内昭夫『会社法〔第3版〕』有斐閣，1994年

・［瀬木2020］瀬木比呂志『民事保全法〔新訂第2版〕』日本評論社，2020年

・［全国株懇連合会2016］全国株懇連合会『全株懇モデル I』商事法務，2016年

・［竹内2001］竹内昭夫・弥永真生補訂『株式会社法講義』有斐閣，2001年

・［田中1993］田中誠二『会社法詳論（上巻）〔3全訂版〕』勁草書房，1993年

・［東京地裁商事研1991］東京地裁商事研究会『商事非訟・保全事件の実務』判例時報社，1991年
・［東京地裁商事研2009］東京地方裁判所商事研究会編『類型別会社非訟』判例タイムズ社，2009年
・［東京地裁商事研2011a］東京地方裁判所商事研究会編『類型別会社訴訟Ⅰ〔第3版〕』判例タイムズ社，2011年
・［東京地裁商事研2011b］東京地方裁判所商事研究会編『類型別会社訴訟Ⅱ〔第3版〕』判例タイムズ社，2011年
・［東京弁護士会1994］東京弁護士会『商法改正・商事保全事件と会社関係実務（研修叢書22)』東京弁護士会，1994年
・［東京弁護士会2015］東京弁護士会会社法部編『新・株主総会ガイドライン〔第2版〕』商事法務，2015年
・［東京弁護士会2016］東京弁護士会会社法部編『新・取締役会ガイドライン〔第2版〕』商事法務，2016年
・［鳥飼2006］鳥飼重和ほか『新版　非公開会社のための新会社法』商事法務，2006年
・［前田2009］前田庸『会社法入門〔第12版〕』有斐閣，2009年
・［松井2021］松井信憲『商業登記ハンドブック〔第4版〕』商事法務，2021年
・［元木1995］元木伸『譲渡制限付株式の実務』商事法務研究会，1995年
・［森・濱田2008］森・濱田松本法律事務所，弁護士法人淀屋橋・山上合同編『書式会社非訟の実務』民事法研究会，2008年
・［門口2001］門口正人編『新・裁判実務体系第11巻―会社訴訟・商事仮処分・商事非訟』青林書院，2001年
・［山口1992］山口和男編『裁判実務体系第21巻―会社訴訟・会社非訟・会社整理・特別清算』青林書院，1992年
・［山下2009］山下友信編『会社法コンメンタール4―株式（2)』商事法務，2009年
・［山下2013］山下友信編『会社法コンメンタール3―株式（1)』商事法務，2013年

［索　　引］

〈著者紹介〉

高村　隆司（たかむら　たかし）

昭和25年1月25日生まれ
昭和51年3月　　東京大学法学部第1類卒業
昭和52年3月　　　同　　　　第2類卒業
昭和54年4月　　弁護士登録
昭和59年4月　　高村隆司法律事務所開設
平成8年8月　　弁理士登録

[所属]　東京弁護士会 会社法部部員，税務特別委員会委員（元委員長），独占禁止法部部員（元事務局長），信託法研究部部員。日本弁理士会 特許委員会委員

[著書等]『法務Q&A 非上場会社の支配権獲得戦』（単著，中央経済社），『信託の実務Q&A』（共著，青林書院），『新訂第七版　法律家のための税法［会社法編］』（共著，第一法規），『新訂第八版　法律家のための税法［民法編］』（共著，第一法規），『新・取締役会ガイドライン〔第2版〕』（共著，商事法務），「ToSTNeT取引と公開買付」（『旬刊金融法務事情2005年3月号』金融財政事情研究会），「金融商品取引法」（『平成20年度春季弁護士研修講座』商事法務），「『振替株式を有する特別支配株主の株式等売渡請求における会社に対する通知』と『個別株主通知』」（『法律実務研究第31号』東京弁護士会法律研究部），「裁判所による譲渡制限株式の売買価格の決定と財源規制」（『法律実務研究第33号』東京弁護士会法律研究部），「『相続人等に対する売渡しの請求』（会社法174条）に関する実務的研究」（『金融法務事情2020年11月10日号』金融財政事情研究会）ほか

実戦 非上場会社の敵対的M&A

2023年8月10日　第1版第1刷発行

著　者　高　村　隆　司
発行者　山　本　　　継
発行所　㈱中 央 経 済 社
発売元　㈱中央経済グループ
　　　　パ ブ リ ッ シ ン グ

〒101-0051　東京都千代田区神田神保町1-35
電話　03(3293)3371(編集代表)
　　　03(3293)3381(営業代表)
https://www.chuokeizai.co.jp
印刷／三英グラフィック・アーツ㈱
製本／㈲井 上 製 本 所

© 2023
Printed in Japan